课堂名人故事

文学家

毛晓青 主编

苏翔 著

浙江摄影出版社
全国百佳图书出版单位

责任编辑：裘禾峰
装帧设计：巢倩慧
责任校对：王君美
责任印制：汪立峰

图书在版编目（CIP）数据

课堂名人故事．文学家 / 毛晓青主编；苏翔著．-- 杭州：浙江摄影出版社，2022.3
ISBN 978-7-5514-3683-0

Ⅰ．①课… Ⅱ．①毛… ②苏… Ⅲ．①阅读课－小学－教学参考资料 Ⅳ．①G624.233

中国版本图书馆CIP数据核字(2022)第025248号

课堂名人故事（文学家）
毛晓青　主编　苏翔　著

全国百佳图书出版单位
浙江摄影出版社出版发行
地址：杭州市体育场路347号
邮编：310006
电话：0571-85151082
制版：浙江新华图文制作有限公司
印刷：杭州捷派印务有限公司
开本：880mm×1230mm　1/32
印张：7.75
2022年3月第1版　2022年3月第1次印刷
ISBN 978-7-5514-3683-0
定价：28.00元

小读者档案

自画像

/我的名字/ ◇ /我的年龄/

/长大后，我要做一个/

与名人同行

爱迪生、居里夫人、达·芬奇、鲁迅、沈从文、茅以升……一看到这些镶嵌在教科书上的金光闪闪的名字，你也许会感叹一句：这些名人的成就是普通人无法企及的啊，我们只有仰望的份了。可这套“课堂名人故事”就是要告诉你，名人也是普通人，他们能做到的，我们也一定做得到！

这套“课堂名人故事”共有三册，分别是文学家卷、科学家卷和艺术家卷。四位年轻的作者苏翔、童涵冰、吕丹妮、张琼，将小学教科书上出现过的那些名人不为人知的另一面挖掘出来，用生动有趣的表达方式，将名人故事娓娓道来。

没错，这些名人小时候，和你我一样，也会偷懒，也会调皮捣蛋：大作家鲁迅小时候为了看庙会，才勉勉强强地去背古文；沈从文小时候因为逃学被母亲罚跪；生物学家童第周在宁波效实中学第一学期的期末平均成绩只有45分，差点儿要留级……可等他们确立了自己的人生目标之后，他们就爆发出了超乎常人的坚持不懈的毅力和战胜挫折的勇气：大发明家爱迪生做了一千六百多次实验，才找到了最合适做灯丝的材料；物理学家居里夫人发现了“镭”，自己也因为长期接触放射性物质而得了重病；京剧大师梅兰芳将《贵妃醉酒》中的一处细节改了又改；生物学家屠呦呦为检测新药的毒副作用，甘当“小白鼠”以身试毒；水稻专家袁隆平吃饭很快，来不及细细品味稻米的清香，就为了省下时间投入工作；双腿瘫痪、身患绝症的史铁生坐在轮椅上，写出了一篇篇催人奋进的美文……

如果说，成功有什么秘诀的话，那么，这些名人身上超凡的坚韧与敢于自我牺牲的勇气，就是他们的“成功品质”。

“课堂名人故事”丛书选取了40位名人的100多则人生故事。在这一则则小故事中，那些高高在上的名人变得亲切起来。他们从教科书的殿堂里走下来，成为你我结识已久的好朋友。让我们鼓起勇气追随他们的脚步，与他们同行，实现我们自己的人生理想。

毛晓青

2022年2月

目录

◈ 国内篇 ◈

◈ 国外篇 ◈

国内篇

李白：

一心报国的浪漫诗人

天生我材必有用，千金散尽还复来。

——李白

人物档案

李白(701~762),唐朝伟大的浪漫主义诗人,被誉为“诗仙”。他在中国家喻户晓,对中国诗歌影响深远,是中国诗歌史上一位旷世奇才。李白出生在四川青莲乡一户经商的家庭,祖上原是陇西李氏,和唐朝的皇室出于同一支血脉。李白的父母经商,但都十分重视对他的教育。因此李白自小博览群书,树立了建功立业的人生理想。

李白生于唐朝最鼎盛的开元盛世,24岁离开家乡,游历天下,结识豪杰友朋无数。31岁,他初入长安,为的是报效祖国,大展宏图,然而遍访名门也没有结果,只能失望地离开了。42岁时,李白二入长安,经历了玄宗亲自召见和之后名满京城的辉煌时刻,最终因得罪朝中宦官,无奈辞官离京。53岁时,李白为了向朝廷揭发安禄山的阴谋,三入长安,然而根本没有机会上书皇帝。三入长安，让他的梦想几乎破灭，他认识到了现实的残酷和朝廷的黑暗。

李白55岁时，“安史之乱”爆发，他为了平定国乱，投入永王的幕僚，不料卷入政治纷争。三年后因“逆国作乱”的罪名，他锒铛入狱。又过了一年，李白被新皇帝流放夜郎。幸而59岁时，在流放途中被赦免，才捡回一命。生命中的最后三年，李白游遍旧地，但物是人非，老友都不知所踪。最后在安徽当涂，老病交加的李白，走完了人生的最后一程。

李白虽命运坎坷，但他一生都有着一种昂扬向上的精神。他的诗歌也因此展现出盛唐气象，以致后来者无人能够超越。李白靠着梦想和一颗赤子之心，在与命运的反复搏斗中，愈挫愈勇。青年的他热情讴歌祖国的好山好水，中年的他勇敢无畏地抨击朝廷的黑暗，晚年的他虽历经失败，仍想着建功立业、报效国家。李白的诗歌记录了这位充满理想、勇于追梦的诗人不平凡的一生。现在读来，它们不仅撼动人心，还越发夺目璀璨。

李白，中国古代诗人中最杰出的代表之一。他的诗歌浪漫恣肆、气势磅礴，令人惊叹，时人称赞他“笔落惊风雨，诗成泣鬼神”。李白不仅擅长用华丽辞藻讴歌自己的鲲鹏之志，表达心中的喜怒哀乐，也善于学习、从民间吸收语言素材，写出平白如话的清丽诗句。小学语文课本就收录了他的《古朗月行》《静夜思》等八首诗歌。这些诗歌通俗易懂、朗朗上口、清新自然，广受大众喜爱。

在李白流传至今的诗歌中，最能看出他个性的一句诗是：天生我材必有用，千金散尽还复来。李白的一生都在追求君王赏识，渴望建功立业。然而几经波折，最终理想破灭。在面对现实的困难、失败和人生的低谷时，李白仍然相信自己终将得到重用，现实的困境定能渡过。李白诗歌中强烈的自信和顽强的精神，令古往今来的人为之振奋、为之动容。

『月亮的幻想和少年壮志』

李白的童年是在四川昌明县青莲乡度过的，因此他有个别号叫青莲居士。青莲乡四面环山，山林优美，清水环绕，虽然地处偏僻，但繁荣的唐朝一直将文明的光焰照到了这里。

李白在父母的悉心培育下，5岁识字、10岁读完典籍《诗经》《尚书》，后读《庄子》《史记》。父亲又教他楚辞、汉赋、诸子百家，李白爱好幻想的天性便大大发展起来。

我国民间流传着一句话，叫"三岁看大，七岁看老"。李白爱幻想的天性其实在他幼年时就显露出来。李白从小就爱仰望月亮，那洁白光亮的月亮，挂在漆黑的天穹上。小李白就对着它叫："白玉盘！白玉盘！"大人们听见了，都哈哈大笑，妈妈说："阿白，你这名字起得倒也贴切，月亮还真像白白的玉盘呢。"李白听见大人们讲神仙，他又说月亮是神仙的镜子，他还看见神仙在照镜子呢。听见大人讲月亮上有白兔捣药，他就问白兔捣药给谁吃？自己又接着说："给我吃呀！甜甜的。"边说还边咂了两下小嘴。这件事还被李白写进了诗歌《古朗月行》里。现在的孩子一上小学就要学着背："小时不识月，呼作白玉盘。又疑瑶台镜，飞在青云端。"李白的幻想还造就了很多气势磅礴的名句，比如他写庐山瀑布，要说："飞流直下三千尺，疑是银河落九天。"再如写山中高高的寺庙，就说："危楼高百尺，手可摘星辰。不敢高声语，恐惊天上人。"

李白自小开朗热情，喜爱幻想。长到24岁时，他已经出落得仪表不凡，英姿勃发。他腰间佩着一柄祖传龙泉宝剑，手中牵着一匹高头骏马，挑着书箱，带着书童，就此打算离家远游，求取功名。

李白出了三峡，来到江陵，也就是今天的湖北荆州。刚好道教大师司马承祯经过那里。他逗留的几天里，宾客满堂。李白连忙上门拜见。一番对谈之后，司马承祯对李白大加赞赏，说他有仙风道骨，眉宇之间英气逼人，言谈之间不忘苍生社稷，有匡扶济世的志向。临别前，司马承祯鼓励他："在当下的开元盛世，皇上广开言路，假以时日，你必当鹏程万里。"之后数日，李白便自比鲲鹏，写成了《大鹏赋》。他恍惚间看到北海天池中的鲲，浮游在大海上，迎着大风和朝阳，化为了大鹏鸟。李白感到从未有过的痛快。从少年时开始汹涌的豪情在心头翻滚，现在终于淋漓尽致地抒发出来了。

『翰林学士的美梦』

31岁的李白，第一次来到长安。他豪情万丈，热切期盼着被天子召见。然而由于无人引荐，他只能望着气势恢宏的宫殿，在墙门外独自徘徊。

42岁时，经挚友元丹丘引荐，李白终于被朝廷征召，第二次来到长安。后经贺知章举荐，玄宗亲自在金銮殿召见了李白。李白成为翰林学士，搬进了皇帝的宫廷。他本以为自己终于可以报效国家、大展宏图，没想到做的事就是为玄宗和杨贵妃写词助兴。李白渐渐对做官感到了厌倦，没在翰林院待上三年，就辞官离京了。当初立志效忠大唐王朝的诗人这么容易就放弃理想了吗？不，原来是因为他得罪了一个人，玄宗面前的大宦官高力士。

话说，李白在翰林院等待皇帝召见，已经是第三个年头。三年来，他不是伺候娘娘赏花，就是为梨园写词。虽说他的文才颇受玄宗赏识，在京城也是名声大作，但终究没能为国家社稷做出点响当当的事业来。终于有一天，玄宗召见李白，要他为朝廷起草攻打吐蕃的诏书。李白原本在酒楼喝酒，虽然略有醉意，还是欣然前往。他激动万分，终于等到自己大展身手的时候了。

李白到时，玄宗已命人在勤政楼备好笔墨，为他沏上了御茶。李白饮完热茶，边抹掉帽子、脱去外衣，一边构思，一边抬腿要上御榻。这时才发现靴子没脱。可如果现在去脱靴，就要脏了凤毛笔，黑了蟠龙笺。刚好，高力士站在下面，李白就把脚一伸："劳驾帮个忙。"高力士侍奉惯了皇帝，来不及想好

劳驾帮个忙。

要不要帮李白脱靴，一双手已经习惯性地捧住了那只靴子。李白顺势一缩腿，左脚的靴子已经滑落，他又伸出了右脚。高力士后悔已经来不及了，只能“帮忙帮到底”。

这之后，李白让高力士脱靴的事传得沸沸扬扬，恃才傲物的名声便传开了。有人说：“李白竟然让高公公给他脱靴！改天可不是要杨娘娘给他研磨了？真是不成体统，哪里像个翰林学士？”高力士又派人去杨贵妃面前进谗言，说李白写的诗词在暗中嘲笑她。贵妃大怒，便去玄宗面前告状。玄宗也越发觉得李白放肆，留在宫中，恐怕要出事。

李白知道自己闯了祸，犹豫再三，终于上书辞官。玄宗为了免遭人非议，坏了自己广取天下贤才的名声，赏赐了李白不少银两，“恩准”了他。自此，李学士脱下了官袍，搬出了皇宫。他济世为天下的美梦破灭了。李白不顾家人和朋友的规劝，决定出游，他要去名山大川中，治愈心中深深的创伤。

『安史之乱，流放夜郎』

在游历途中，李白又听说自己多位在京为官的旧友卷入一场场冤案，倒霉的丧了性命，走运的贬官远方。而百姓们生活困苦、民不聊生。李白看起来游山玩水、一派潇洒，却写出多首抨击朝政的诗歌。这些诗歌从李白胸中喷涌而出，在长安和洛阳两个都城流传。《战城南》《兵车行》等诗痛快淋漓地斥责朝廷连年对边疆开战，导致战场上血流成河，官兵欺压民众，掠夺民间的食物、钱财，老百姓们饿死冻死在田间地头。人们读着这些大胆的诗句，无不觉得心中畅快。有人说："真是言人所不敢言，而且句句说在人心上！"大家都在猜测这些诗是不是李白写的。

天宝十四年(755)，李白55岁，大唐王朝的危机终于爆发，皇帝一直信任的安禄山、史思明起兵造反。大批人马横扫北方，一路向南，大唐军队节节败退。这就是著名的"安史之乱"。

消息传来，李白正在金陵游历。可此时他的妻儿在河南睢阳，那里面临着被叛军占领的危险。他顾不上叛军南来，快马北上去接妻儿。终于，衣冠不整的李白接上了妻儿，他们随着逃亡的百姓向南奔逃。不久之后，洛阳陷落、潼关失守，终于长安也沦陷了，玄宗仓皇出逃四川。李白带着家人躲进庐山，他终日哭泣不止，心中那个强盛的大唐王朝一去不返。他仿佛看到宫墙倾倒，城中火光滔天，人们流离失所，白骨堆积如山。李白的心在流血，他看到唐朝的全体民众都望着长安，皱眉哭泣。

李白隐居庐山，但那颗心系天下苍生的心，一刻也未曾放下来。终于，他的朋友带信来，说玄宗的儿子永王李璘奉命出兵所辖区域。李白再次昂扬起斗志，加入永王麾下，筹谋复兴唐朝大业。谁知玄宗此时已经将皇位给了新皇帝肃宗。肃宗为了争权，开始围剿永王的军队。永王兵败，肃宗下令处死永王。李白这才大梦初醒，原来自己卷入了一场权力之争。他原以为自己在协助大唐王朝平定天下，谁知自己已然成为叛军，背上了作乱的罪名。李白锒铛入狱，冤屈无法伸张。

李白这次建功立业的努力，让他陷入了人生的最低谷。在狱中，李白听到了鞭炮齐鸣的庆祝声。原来玄宗和肃宗都已经班师回朝，收复了长安。唐朝的民众终于可以普天同庆，而等待李白的却是一纸诏书：流放夜郎。想当初，请他上金銮殿的是一纸诏书，今日送他流放的也是一纸诏书。夜郎是西南边境少数民族之地，气候潮湿，毒虫肆虐，流放的人很少有能活下去的。启程那天，李白拖着镣铐，容貌枯槁。一年多的监狱生活，已使他满头白发，身体也佝偻起来。

命运可能觉得李白实在太冤了，最终给了他一丝微弱的阳光。当李白流放到重庆奉节时，喜讯从天而降。朝廷因为旱灾赦免罪犯，李白也在其中。59岁的李白望着满天的星斗，彻夜难眠,他高兴得发狂,觉得自己否极泰来,而朝廷说不定也会再次起用他。叛军已除、贼臣已灭,新王治国,等待他的将是真正的国泰民安。于是他立马坐船东下,并写下了千古名篇《早发白帝城》:“朝辞白帝彩云间,千里江陵一日还。两岸猿声啼不住,轻舟已过万重山。”

李白其名流传千年,不仅仅因为其诗歌成就高,还因为他的赤子丹心、百折不挠,令世人钦佩。虽然命运对其不公,但李白从不屈服,他坚持理想、一心报效国家的赤子丹心感天动地。由此,他的诗歌拥有了不朽的灵魂、超越时空的浩然之气。

聊聊梦想

我觉得李白的梦想是____________________

为了实现梦想,李白做了什么?

____

我的梦想是________________________

为了实现梦想,我已经做了什么?

____

我还要做什么?

____

小链接：李白的才华是天生的吗？

大诗人李白曾经有一句特别著名的诗，叫作“天生我材必有用，千金散尽还复来”。而李白也的确是从小就非常聪明，看书过目不忘。他10岁就看遍了诸子百家的书，包括《论语》《道德经》《庄子》《墨子》等一批先秦典籍，了解中国古代先人的思想精华。后来又看史书，精通从上古一直到唐朝的历史。到了15岁，李白又学习剑术，将一把剑舞得威风凛凛。李白勤学苦练，能文能武，为的就是报效祖国。

李白小时候，喜欢把书堆在床上，甚至抱着书就睡着了。因为他从小背诵和记忆了大量的素材，写起文章来就才思泉涌，各种典故信手拈来。李白虽然天资聪颖，但是非常勤奋刻苦。民间流传着一句谚语——只要功夫深，铁杵磨成针，说的就是李白的故事。相传，李白少年时代在四川眉山求学，没有学成，就逃学不念了。他收拾行囊打算回家，走到象耳山下时，碰见一位老大娘在溪中磨铁棒，说要把它磨成针。李白因受感动，从此发奋学习，终于成为一代“诗仙”。

传说的真假有待考证，但至少说明了一件事：李白的才华是勤学得来的。事实上，李白18岁时在四川大匡山隐居。他晨起练剑，晚来读书，这样过了三年。这三年，他进过两次城，数月才回一次家。后来得到高人指点，李白更是立志要为苍生社稷干一番事业。他干脆住进了匡山大明寺，潜心苦读。24岁那年，他决定离开家乡，开始了闯荡天下的传奇一生。

王维：

行到水穷，坐看云起

吹箫凌极浦，日暮送夫君。

湖上一回首，山青卷白云。

——王维

人物档案

王维(701~761),著名唐朝诗人,出生在山西太原祁县一个无忧无虑、生活富足的家庭。父亲王处廉时任汾州司马,母亲崔氏善良贤淑,他们共同生养了五个儿子两个女儿,王维是家里的老大。

由于父母的生活圈子都是文化名人,王维从小就在气派的大宅院里接受优质的教育。书法、绘画、古琴、琵琶样样精通,尤其喜好绘画,曾经在辋川的清源寺的寺墙上画过一幅四米八长的巨型壁画《辋川图》,震惊后世。

九岁时,王处廉突然病故,由此家道中落。王维努力读书求学,凭借勤奋和才气,721年考取进士,任太乐丞之职。后因黄狮子事件得罪了皇帝玄宗而被贬官至济州,从此过上了半官半隐的生活。王维一生跌宕,担任过很多官职，历任右拾遗、监察御史、左补阙、库部郎中、尚书右丞等。

在我国古代著名诗人中，王维是难得一见的全才，有“诗佛”之称。苏轼评价其：“味摩诘之诗，诗中有画；观摩诘之画，画中有诗。”王维是盛唐诗人的代表，由于他的诗朗朗上口、和于音律，传播很广，因此他声名极高。今存诗400余首。《鹿柴》《竹里馆》《使至塞上》《山居秋暝》《九月九日忆山东兄弟》等都是经典诗作，后被弟弟王缙整理成《王右丞集》。

独在异乡为异客，每逢佳节倍思亲。
遥知兄弟登高处，遍插茱萸少一人。

提到唐朝诗人王维，我们一定不会对这首《九月九日忆山东兄弟》感到陌生。每年到了重阳节，家家户户便开始张罗着祭祖登高这些传统活动。而在那天的语文课上，语文老师便会微笑着拿出王维这首创作于1300多年前的诗，让我们熟诵起来。古老的重阳节传统借这首诗流传至今，温暖着一代代中国人的心灵。

可是你们知道吗？王维写这首诗的时候，竟然只有17岁！

那一年的重阳节，王维已离家两年。15岁的他背上行囊来到繁华的都城长安。除了游历以增加阅历，他还专门找了一处便宜的住所潜心读书，为了能够考取一个好功名。

重阳佳节那天，王维和几个长安的兄弟登高远望。青山巍峨，可偏偏只有自己一人来赏，王维嘴里念叨着："不知老家的娘亲身体还好吗？小弟小妹读书还刻苦吗？"想着想着，不觉黯然落泪，随即便写下了这首传诵千年的《九月九日忆山东兄弟》。

才子王维为什么要离开故土独自闯荡呢？而后，他又经历了怎样的官场风波而萌生了归隐的念头呢？我们往下看吧。

『文艺全才的《黄狮子舞》』

当我们在谈论成名或许得靠拼爹的时候，小王维却凭借母亲崔氏的因材施教，轻轻松松拿到了他的第一桶财富：他的母亲特别会发现自己孩子的资质和兴趣爱好，并肯花大量的财力、精力来帮助他们成长。

一天午后，崔氏端着点心走进小王维的房间。她看到案桌旁的一张山水小画，拿起又放下，远看又细看，啧啧惊叹不已，高兴地问道："维儿，这是你画的吗？娘怎么不知道你平日里还悄悄地临摹起画来，而且这样有模有样！"

"娘，您要是不反对，维儿还要接着画呢。"说完，只见王维从柜子里取出一叠画来，拿给崔氏看。

"真是不错！娘一定给你找个好老师来。"

果然，母亲崔氏说到做到。她和王维的父亲王处廉商量后，不惜花费人情重金请来当时赫赫有名的大画家吴道子，专门为王维指导书法和绘画。

不仅如此，母亲崔氏极为用心地培养王维的音乐和文学才能。王维的爷爷王胄是著名的乐器演奏家，尤其擅长古琴和琵琶。王维从小耳濡目染，十几岁就已经能够在大场合上独当一面地演奏琵琶了。

王维就是在这样生活优渥、思想开明的家庭环境中成长起来的。

然而谁也没有想到，在他九岁的一天，时任汾州司马的父亲王处廉突然病故了。忽然之间，仿佛一棵顶天立地的大树被折断，王维一家面临着巨大的生活考验。

王维是长子，就是在这一年突然懂得了责任的重担。此后几年里，王维带着几个弟弟妹妹，日夜苦读，希望能出人头地，尽早找一份安稳的工作养家糊口，替母亲分忧解难。

721年，王维不负众望考取了状元，并被授予太乐丞的官职，主要负责组织和举办朝廷的音乐活动。从此以后，王维便开启了时断时续的官场生涯。

不幸的是，太乐丞刚刚没做上几天，王维就出事了。

一日，岐王李范在府里大摆宴席，招待四方宾客。喝酒正酣时，岐王忽然来了兴致，高声说道："给我们来一曲黄狮子舞！"众宾客只见岐王目视王维，点名要听《黄狮子舞》。

这黄狮子舞非同小可，是只有皇帝才能钦定的节目。岐王虽然是皇帝玄宗的兄弟，但毕竟普天之下皇帝只有一人。席上，就数王维官品最低，其他人全都默不作声，也不敢作声。

时间一分一秒地过去，王维陷入苦思之中："岐王曾经帮我这么多忙，是我恩人，我若拒绝，惹怒了岐王，便是我王维忘恩负义。倘若《黄狮子舞》真带来了麻烦，我也只得认了。"

随即，舞狮子的音乐响起，王维带着一班子乐工硬着头皮演奏了起来。

第二天，私自演出《黄狮子舞》的消息便传到了皇帝玄宗的耳朵里。玄宗龙颜大怒，王维当场被厉声训斥，并被贬出长安，去几千里远的济州任八品小官司仓参军。

『齐家治国的大丈夫』

如果说王维的前半生是拼命努力、积极求进的三好少年，那么他的后半生，便是慎思谨言的成熟诗人。其中不变的是他富足的精神世界和强烈的责任感。

既然官场路途艰难，索性归隐田园，做一名潇洒的隐士不好吗？王维不是没有想过，但是他没有去做。他要好好孝顺母亲崔氏，不忍让母亲再为自己操劳。"小妹日成长，兄弟未有娶。家贫禄既薄，储蓄非有素。"家里的妹妹还没出嫁，小弟没有娶妻，全家的生计都落在自己身上，哪能自顾自一个人去逍遥？

这就是王维。

即便前路再难，他也要独自扛着走下去，毕竟自己是大哥。

安史之乱后的756年，王维被关押在洛阳近十个月，他始终没有屈服投降。那年，他已55岁。

在弟弟王缙拿自己的官职来换取哥哥出狱的情形下，王维最后被免除牢狱之灾。

759年的五月，长安因战乱，萧条残败，昔日川流不息的长安大街上尽是逃难的百姓。衣衫褴褛的，蜷缩在角落里残喘的，一双双灰暗无力的眼睛。王维看在眼里，痛在心里，眼泪簌簌而下，不禁悲泣道："苍天啊，百姓是何等无辜，为什么要让他们受尽苦难？"

回到家中，他立即含泪写下一封表书《请回前任司职田粟施贫人粥状》，请求皇上开恩，能批准将自己之前任职的十二顷分田收成全部拿出来，煮成粥，分给那些路边快要饿死的人。

肃宗看完表书，被王维的诚心感动了，批准了他的请愿。

苍天啊，百姓是何等无辜，为什么要让他们受尽苦难?!

『辋川别业，情之所归』

几经波折之后，王维选择放下官场是非，退隐江湖。西安的蓝田县外不远处，有一个世外桃源般的小镇，名叫辋川。王维寻到了这里。

空山不见人，但闻人语响。
返景入深林，复照青苔上。

王维这首传遍大街小巷的名诗《鹿柴》就是在辋川写的。

辋川有多美？让我们来看看王维诗里出现过的二十个著名景点：孟城坳、华子冈、文杏馆、斤竹岭、鹿柴、木兰柴、茱萸泮、宫槐陌、临湖亭、南垞、欹湖、柳浪、栾家濑、金屑泉、白石滩、北垞、竹里馆、辛夷坞、漆园、椒园。

不必说飞鸟一去淡无痕，也不必说山路青翠樵夫歌声悠悠，单单是辋川山谷里那些优美的名字，就已经令人无限神往了。

比如在欹湖，他吹着洞箫送别好友裴迪。“吹箫凌极浦，日暮送夫君。湖上一回首，山青卷白云。”（《欹湖》）落日晚霞映红了渐行渐远的孤舟，箫声悠悠缥缈，蓦然回首，心境又因山谷郁郁葱葱的辽远深邃而全然打开。白云依然是白云，情谊也从来未曾改变，只待再次相逢。

又比如在辛夷坞：“木末芙蓉花，山中发红萼。涧户寂无人，纷纷开且落。”（《辛夷坞》）诗中写的是花，又是大朵大朵的红瓣木芙蓉，也不知是哪日所开，哪日零落。最美只是山中寂静无声时，夜深花儿悄悄诉语，将故事娓娓说给空山听。一瓣花，便有一整个山中的好故事。

这么美的辋川，王维一定要与人共享。于是，他在44岁时，用积蓄买下了这里的一座山庄，取名叫作辋川别业。

这山庄最初并不是为自己而买，而是为了孝顺年迈的母亲崔氏。崔氏守寡三十多年，辛辛苦苦把几个孩子拉扯大，如今终于能够颐养天年。王维早就希望能寻找一个机会把母亲安顿下来，这里非常适合养心，是不二的选择。

“母亲，您看喜欢住这儿吗？”

“维儿，娘也老了，这些年你奔波在外，娘常常盼着你回来。现在有了这样好的住处，娘哪儿也不想去了。”

“娘喜欢清净，我去长安做官的日子里，您就在这里静养身体。等我休假了,就赶回来看您。"

说完,王维挽住崔氏,望向空旷的远山……

有了这样尘世中难得一遇的好地方,王维第一时间就给好友裴迪寄去了一封邀请信《山中与裴秀才迪书》。他不仅把山中一个个闻所未闻的地名清单式地列给裴迪,还用笔墨将四季美景尽情描述了一番。

这下子,快把裴迪给乐坏了!裴迪比王维小十多岁,但两人是志同道合的知己,友情贯穿了一辈子。他收到好友寄来的信后,激动得差点儿骑马即刻启程。

春天到了,雾气散开,山鸟飞了又停,湖水柔波碧绿,微微涨起,浮云淡然无色,春风把裴迪吹到了辋川。

王维见了裴迪,三下五除二,带他先把二十个景点全都逛了个遍。他们边走边吟诗,所至一处,你一首诗,我也一首诗,应和酬唱,于是便有了著名的《辋川集》。

裴迪来辋川之前,因为没有考中状元而颓废沮丧。王维得知后,没有用伪善的话去安慰,反而以过来人的身份坦率对他说:"裴兄,没有考中有没有考中的好处。如果考中了,常常会起越来越多的欲望,越来越多的烦恼也将随之而来。面对这些诱惑和贪婪,人的本性是要被考验的。"

辋川别业在王维的经营下，形成了一个方圆二十里规模的自然园林，开创了中国文人造园的先河。母亲去世后，王维将其灵柩安放在辋川别业西侧，并将辋川别业兼做寺庙，请来高僧讲法传道。

聊聊梦想

我觉得王维的梦想是________________________________

为了实现梦想，王维做了什么？

____

我的梦想是____________________________________

为了实现梦想，我已经做了什么？

____

我还要做什么？

____

小链接："诗佛"王维为什么叫作摩诘居士？

历史上的大诗人都有自己独一无二的荣誉称号。

李白是"诗仙"，杜甫是"诗圣"，白居易被称为"诗魔"，而王维是什么呢？"诗佛"！

有人问：怎么诗人还可以成佛？难道真是出家人？

王维虽然没有落发出家，更没有在寺庙里过日子，但的的确确心中住着一尊佛。

他的母亲崔氏年轻时就从未间断过修行，她尤其喜欢读《维摩诘经》，为此还专门给王维取了"摩诘"做字，这样连在一起就叫"维摩诘"。维摩诘是个大慈大悲的修行人，崔氏以维摩诘为榜样，常常在家静心修行。王维从小受到母亲的影响，自然深谙佛学的奥秘。但王维却领悟了另一种静心办法，那就是内心修行。只要内心能够做到干净澄澈，并且心怀感恩之心，一切俗事就都不会难了。

鲁迅：

青年作家的人生导师

愿中国青年都摆脱冷气，只是向上走，不必听自暴自弃者流的话。能做事的做事，能发声的发声。有一分热，发一分光，就令萤火一般，也可以在黑暗里发一点光，不必等候炬火。此后如竟没有炬火：我便是唯一的光。

——鲁迅

人物档案

鲁迅(1881~1936),20世纪中国最伟大的文学家之一,出生在浙江绍兴的一个书香门第。他最初的学名叫周樟寿。11岁时就进入寿镜吾开办的私塾——三味书屋念书。但没过多久,家道中落,父亲周伯宜也病故,家族成员四散开去。这些家庭变故对鲁迅产生了很大的影响。

1898年,18岁的鲁迅进入南京水师学堂,改名周树人。后来,他又改入南京路矿学堂,学习数学、物理、化学等自然科学知识,开阔了视野。这期间,他开始阅读英国博物学家赫胥黎的《天演论》,这本书开启了他探索新世界的大门,让他深感当时国内教育的落后。1902年,他赴日本公费留学。1904年秋进入仙台医学专门学校。因感医学不能根治中国人的精神麻木，鲁迅选择回国，从事文学活动。

1912年，经好友许寿裳推荐，鲁迅在北洋政府教育部任佥事。之后，鲁迅辗转于北京、厦门、广州、上海等地，担任过北京女子师范大学、厦门大学、中山大学等多所大学国文教员，主要讲授《中国小说史略》等课。1926年“三一八”惨案”后，鲁迅因支持进步学生正义斗争而遭受政府追捕，流离多地避难，但仍继续发表《记念刘和珍君》等文章，当年8月出版《彷徨》。回忆性散文集《朝花夕拾》中的多篇经典作品也写于此期间。

鲁迅把个人的人生体验同整个中华民族的命运联系起来，用自己的笔宣扬正义，批判落后思想，唤醒民智，写下了一篇篇震撼人心的文章。人们常常引用他的一句诗来评价他：“横眉冷对千夫指，俯首甘为孺子牛。”

我们从课本上认识鲁迅，见到的是一张极为严肃的面孔。他有着浓浓的胡须、干净利索的板刷头，还有两撇粗长的胡须。但是生活中的鲁迅其实十分幽默，完全没有架子，常常把周围的人逗得哄堂大笑。

鲁迅曾经在北京大学兼职讲课，有一次讲的是古代舞女跳舞的姿势。可是谁也没有亲眼见过古代舞女怎样跳舞，于是鲁迅就照着书里的文字想象出跳舞的动作，一边讲一边把身体往后仰，仰着仰着，差点儿把腰给折了。他好不容易挺直了身子，扶着腰继续说道："不是我不愿意做好，实在是我学不像呀！"顿时，教室里笑声一片。

『成长的苦与乐』

如果要问哪位作家的童年最有趣，那鲁迅一定榜上有名。他在家中后院的百草园里挖何首乌，蹲在雪地里捕鸟，翻开砖头斗斑蝥……总之，任何快乐的事情，他都不会缺席。

可惜鲁迅一下子长大了，父亲开始对他严加管教，这几乎成了小鲁迅噩梦的开始。

一次，县里举办超级盛典迎神赛会。为了让全家能高高兴兴地看庙会，父亲花了血本，预订了一只大船专程载着大家去。第二天，天刚蒙蒙亮，请来帮忙的人就已经忙活开了，搬椅子、装饭菜、准备茶歇点心。鲁迅站在一边笑着跳着，一想到马上就能看到梦寐以求的庙会就高兴极了。这个时候，父亲突然走过来，站在鲁迅背后。

“去拿你的书来。”父亲的脸像一团乌云，阴沉下来。

“背不出，就不准去看。”他说完就站起来，走到房里去了。原来，父亲是要让鲁迅背书，背的是私塾老师教的《鉴略》。

“啊——”，这噩耗晴天霹雳般砸向鲁迅，“怎么办，怎么办？妈妈快来救救我呀！”眼下，救场是不可能的了，鲁迅只好硬着头皮背课文。那时候，鲁迅才7岁，《鉴略》里面都是一堆古董文字，他一点儿都不懂。背啊背，背啊背，额头都冒汗了，还没背完。时间一分一秒地流逝，连太阳都升得很高了。

忘记到了几点钟，他走到父亲的房间，一股脑儿全都背了出来。“不错，去吧。”至于后来庙会好不好看，鲁迅长大后都不记得了，只记得这一次背书的“苦”。在父亲的严厉管教下，鲁迅从小就学会了吃苦，并明白了苦尽甘来的道理。

爱玩是孩子的天性，但课本里的知识更加吸引鲁迅。他常常会向老师提问，天马行空的问题都会从小鲁迅的脑袋里生发出来。

慢慢懂事以后，鲁迅把压岁钱都积攒起来。他舍不得花，却把钱都拿来买书，买不到的书就用手抄。到后来，家里的书有近万本，多得堆都堆不下，鲁迅依然每个月都要花不少钱来买书。

『“绿罐子”和“白罐子”』

这样一个爱买书的鲁迅，对待自己生活的其他方面却“抠门”得要命，日子也过得极为“粗糙”……没错，他“抠门”、心大，这就是鲁迅生活中的另一面。

先说说他的“抠门”。

鲁迅是出了名的爱抽烟，一根接着一根，简直就不需要火柴似的，家里的香烟也从不间断。他的香烟分为两种，一种贵的，一种便宜的，分别装在白罐子和绿罐子里。白罐子里的香烟十分考究，平常没有客人来的时候，他都把白罐子小心翼翼地放在楼上书桌的抽屉里，以免受潮。而绿罐子里的香烟，每五十支只要四角到五角钱，抽起来不心疼，那是平时自己用的。只要有客人来，他就会从楼上的抽屉里把白罐子拿下来，让客人抽好烟，一点儿不吝啬。如果客人不抽烟，等客人走了，他又会把香烟放回白罐子里，带回抽屉。

住在上海的时候，登门拜访鲁迅的客人很多。客人一来到了饭点，不能让客人饿着肚子走，总要留客吃饭。有的时候，请客人去外面饭馆吃，有的时候就在家里炒几个菜吃。如果去外面吃，鲁迅是很慷慨的。他常常带客人去上海有名的饭馆，比如知味观、梁园、东亚、鸿运楼、桥香、聚丰园等等，价格都不便宜。那么，没有客人的时候，鲁迅家里的伙食怎么样呢？简直天壤之别！平时家中往往就三碗菜：一碗素炒豌豆苗，一碗笋炒咸菜，再一碗黄花鱼。

鲁迅爱吃北方菜，妻子许广平就想请一个北方厨子，好改善一下家里的伙食，让鲁迅吃得好些，身体也好些。没想到这一提，却遭到了鲁迅的反对——请一个男用人每个月要花至少十五元，这笔花销能省则省。听完这番话，许广平只好一声叹息，那就只好自己学着做吧。也正是因为鲁迅的“抠门”，锻炼出了许广平的一手好厨艺。

早在东京留学的时候，鲁迅就显露出对物质生活不大讲究的一面。在他看来，有衣服穿就行，不必一定要洋气时髦的款式；有地方睡觉就足够，即便没有床铺，往地上盖上稻草也能安睡。东京宿舍的楼下开着一家杂货铺,里面商品琳琅满目,货架上摆满了好吃的中国食物,诸如色泽诱人的火腿,又或者是浓郁喷香的酱豆腐一类,常常引来留学生们倾囊解馋,可是鲁迅几乎没有光顾过,除了买狼毫笔以外。

接着说说他的“心大”。鲁迅的心很大很大,大到什么程度呢?有一次,萧红在拉都路的一家油条店里买油条,总觉得眼前好像有什么东西很眼熟。她接过油条仔细一瞧,原来包油条的纸竟是鲁迅翻译的《死魂灵》的一张原稿!

萧红是鲁迅曾经扶持过的青年女作家。抗日战争时,她从老家黑龙江省呼兰县(现为哈尔滨市呼兰区)辗转来到了上海,并结识了鲁迅。由于鲁迅经常在写作上帮助萧红,所以萧红十分敬重他,也很感激他。

她手里紧攥着鲁迅的手稿,开始生起了闷气,嘴里嘟囔着:“怎么都不好好保管书稿呢?这可是您的心血啊!”她实在气不过,拿着油条跑去找到了鲁迅。

“先生,您也未免太随意了!怎么能把写的手稿随便给人用呢?”

“哈哈,这你也大惊小怪。都没有用了,放在家里也是拿来擦桌子,气坏了身子可不值。”

听完鲁迅的话，萧红也只好作罢。

家中的桌子上、洗手间的凳子上，哪儿都能看到鲁迅的书稿。有一回请客人吃饭，吃到一半，鲁迅转身进屋拿来了自己出书的校样分给大家。客人很纳闷，这是什么意思？鲁迅笑着说："擦一擦，拿着鸡吃，手是腻的。"

如果真要以为鲁迅对任何事都"心大"，那你就错了，有时候他甚至还会计较得厉害呢。鲁迅在东京读书时，课余时间偶尔会帮着好友做一些书稿的校对工作。一次，他正着手校对《中国经济全书》一书。翻着翻着，他忽然眉头一紧，神情立刻严肃起来。发生什么事了呢？原来，翻译的人把里面关于纳妾的部分添加了很多原稿作者没有写过的话，诸如小家碧玉呀，河东狮吼呀，这样一来，就完全改变了原文的内容。"做翻译工作，怎么能够如此随随便便增改内容？这岂不是等于造谣吗？"鲁迅一怒之下，竟然拿起红墨水笔来，把翻译的人加上去的文字全都去掉。

鲁迅就是这样，"绿罐子"里装着他的节俭、他的一丝不苟、他的严于律己，"白罐子"里却装满了给朋友的宽容大方。

『把我的骨灰埋在先生的墓旁』

萧红才华横溢但一生颠沛流离，初次来到上海的时候，她在生活上就得到过鲁迅很多的帮助。

1934年，一艘日本渔船慢悠悠地从青岛出发，萧红跟咸鱼、粉丝挤在一个货舱里，好不容易来到了当时中国最繁华的城市——上海。

当时的她只有24岁，身上没有什么钱，经常是有了上顿没下顿，在上海更是人生地不熟。于是她想到了文坛领袖鲁迅，就给鲁迅先生写了一封求助信。

其实，早在青岛的时候，萧红就投石问路地给鲁迅写过信，信里写的都是青年作家对于当前局势下写作的迷茫。是否能收到鲁迅的回信，萧红也很没把握，因为鲁迅是名人，事务繁忙。出乎意料的是，鲁迅很快回信了，信里还对他们的困惑一一给予回复，并且鼓励他们积极创作，这让萧红这个晚辈感到既高兴又振奋。

没过多久，鲁迅收到了萧红寄去的求助信。

他对这位青年印象很深，认为这个女子很能吃苦，还坚持写作，很有毅力。于是，他就为萧红安排了她人生当中一次非常重要的会面，并专程给萧红以及她的同伴萧军寄去了一封信。信里这样说：

本月十九日(星期三)下午六时，我们请你们俩到梁园豫菜馆吃饭，另外还有几个朋友，都可以随便谈天的。梁园地址是广西路三三二号。广西路是二马路与三马路之间的一条横街，若从二马路弯进去，比较的近。

字里行间处处体现着鲁迅的事无巨细，他不仅努力化解萧红的紧张，甚至连如何方便去饭馆的路线也写得清清楚楚。

那天，鲁迅以庆祝他的好友儿子满月为名义，在梁园豫菜馆办了一次宴会。他特意召集了一大批当时著名的作家，一个一个地为萧红介绍。这样，萧红很快就在上海有了一些生活和创作中的好朋友。

此时的鲁迅，辞掉教育部的公职已经很多年，也不去学校里兼职讲课了，而是一门心思居家写作。这样一来，家庭的经济收入就少了一大半，生活开支也紧张了很多，但这丝毫不影响他帮助别人，尤其是青年作家。

萧红要发表文章，但与上海的文学杂志都不熟悉，她只好找到鲁迅帮忙。鲁迅收到萧红寄来的稿子看了又看，改了又改，还亲自拿着稿子去几家杂志社投稿。他给萧红的信里说：

两篇稿子早收到，写得很好，白字错字也很少。我今天开始出外走走，想绍介到《文学》去，还有一篇，就拿到良友公司去试试罢。

一年以后，在鲁迅的悉心指导下，萧红顺利写出了她的成名作《生死场》。鲁迅还亲自为《生死场》做校对、写序言，每一页的原稿上，都密密麻麻布满了圈点和批注，蝇头小楷，字迹工整。

他就是这样细致耐心、尽心尽力地扶持青年作家。

上海的物价很贵，房子也很贵，鲁迅一直都是租房子住。他对租房的地段很讲究，太过偏远不够安全，所以他总是租在上海最贵的租界周围，比如大陆新村9号。可是萧红怎么租得起呢？于是她每次都要坐着公交车绕很远的路去见先生，但她从来不嫌路远，有一阵子几乎天天都去看鲁迅。

一次，她和鲁迅、许广平一起在家里吃过晚饭，坐在长长的桌子旁边喝茶谈天。聊着聊着，一下从六七点钟聊到了十一点钟，眼看再不走，就叫不到回去的车子了。

细雨在窗外静静散开，朦朦胧胧，夜被晕染得更静了。弄堂里的路灯也暗下来，四周黑漆漆、静悄悄的。鲁迅不放心萧红独自回去，执意让许广平送一送她，并且再三叮嘱，一定要坐上小汽车回去，小汽车的车费也让许广平提前付掉。他知道萧红经济困难，哪里舍得花钱坐小汽车呀！但如果不坐小汽车，恐怕她会一直走着回家，甚至走到天亮。

有一阵子，从未出过国的萧红决定独自去日本东京休养。为了送行，也因为实在放心不下，鲁迅不顾自己有病在身，在家里设宴为萧红饯别。那天夜里，许广平亲自下厨做了一桌子的饭菜，鲁迅顶着三十八度五的高烧靠在藤椅上，细致地叮嘱萧红出国该注意的事项。

谁能想到，这一别，竟然成了两人的诀别。

1942年太平洋战争爆发后，萧红病逝于香港。她临终前，始终想着恩师鲁迅对自己一路的支持。她对病床前的友人说：“我死后只有一个愿望，就是能把我的一点骨灰埋葬在鲁迅先生的墓旁……如果真有在天之灵的话，以便在天国里也能聆听到先生的教诲。”

生死之间，这份极为沉重的嘱托，饱含着萧红对鲁迅的感恩之情。也正是鲁迅对萧红以及众多萧红这样的青年人的无私帮助，让我们看到了鲁迅在生活中的另一面，无比真诚而又怀着热忱之心。

聊聊梦想

我觉得鲁迅的梦想是______________________

为了实现梦想，鲁迅做了什么？

____

我的梦想是__________________________

为了实现梦想，我已经做了什么？

____

我还要做什么？

____

小链接：鲁迅请厨子的十五元，到底是多少钱呢？

小朋友们是不是要问了：鲁迅难道每个月拿不出十五元钱来请一位厨师吗？

那就得先来看一看当时的生活水平是怎样的。

鲁迅定居上海是从1927年开始的。直到1936年病逝，他在上海一共生活了九年。根据《鲁迅日记》里记载，当时书店的店员月薪不超过十五元，普通单身的市民一个月拿到十元已经可以过上正常的生活了。可见，请厨师的十五元并不是一个小数目。

那么，鲁迅的收入不够支付这样一个厨师的费用吗？不是的，那是因为他家的开支项目实在太多了。房租每月一百元，买书每月也有九十多元，加上日常的家庭聚会、请客吃饭、看病就医、看电影等等，还有时不时地要资助一些年轻人，加起来的花销特别大。

有人这样算过，鲁迅一家全年看病高达五十多次。虽然鲁迅多病，但他对自己常常很敷衍，对儿子海婴却体贴入微。小朋友一生病就马上送去医院，甚至请医生到家看病，光是出诊费就要两元。另外，鲁迅家里原本就已经有两个长期雇用的女用人了，他不肯再请厨师也是可以理解的。

朱自清：

一身风骨，清正师风

事情已过，追想是无用的；事情未来，预想也是无用的；只有在事情正来的时候，我们可以把捉它，发展它，改正它，补充它，使它健全、谐和，成为完满的一段落、一历程。

——朱自清

人物档案

朱自清(1898~1948),散文家,出生在江苏东海一个普通家庭。中学毕业后,成绩优异的他成功考上了北京大学预科,那一年他刚好18岁。过了一年,他顺利考入北京大学中国哲学系。读书时,朱自清嗜书如命,常常因为买书的钱不够而典当掉身边值钱的东西,以此换来一些书。1919年新文化运动开始,朱自清开始诗歌创作,也陆续在报纸上发表作品。

北大毕业后,他先后到过浙江省立第一师范学校、江苏扬州八中、台州第六师范、温州十中、宁波四中、上虞春晖中学等学校任教。1925年,他被推荐到清华大学中文系任教，并开始集中精力从事文学研究与创作。1931年8月，他公费赴英国留学一年，回国后撰写并出版《欧游杂记》和《伦敦杂记》。散文代表作《背影》《春》都是这一时期的成果。

抗日战争全面爆发后，朱自清一边担任西南联大中国文学系主任的工作，一边潜心文学和教学研究。论文集《国文教学》《经典常谈》《语文拾零》，杂文集《标准与尺度》《论雅俗共赏》，都是他这一时期的代表作品。

朱自清的散文对中国现当代散文的影响极大。他在深厚的古典文学基础上融合中西方文化，创造了具有中国民族特性的散文体制与风格。

燕子去了，有再来的时候；杨柳枯了，有再青的时候；桃花谢了，有再开的时候。但是，聪明的，你告诉我，我们的日子为什么一去不复返呢？

朱自清先生在课文《匆匆》里对我们倾诉了他的困惑：时间匆匆流逝，我们该何去何从？

“时间”一直是文人墨客探究的话题。汉乐府诗《长歌行》里说：“少壮不努力，老大徒伤悲。”陶渊明曾说：“及时当勉励，岁月不待人。”陈子昂也说：“前不见古人，后不见来者。念天地之悠悠，独怆然而涕下。”时间从来就像一条大河，流淌过我们的身体。

有的人回望过去的种种经历，总是惆怅叹息，因为他们错失了很多奋斗的机会。而另一些人，没有半点遗憾，并且稳稳地站在当下。他们踌躇满志，眼里尽是异彩，因为他们抓住了时间。

朱自清就是这“另一些人”。他不仅亲自写下了关于时间的思考，更是在日常生活中善用时间，活出了意义。

1922年4月11日，《匆匆》发表在《时事新报》副刊《文学旬刊》上。发表之前有一阵子，朱自清感到创作上情绪低落，甚至还出现了灰心丧气的自卑心理。他给好友俞平伯写了一封信，吐了一肚子苦水。虽然情绪低落，但他还是动笔写下了这篇《匆匆》。

『教书先生的六地生活』

和其他很多作家比起来，朱自清实在算得上“特别”，因为他一辈子只有一份工作：教书。而贯穿他一生的，正是一地辗转一地的教书日常。

1920年5月，朱自清从北京大学哲学系高高兴兴地毕业了。因为学习成绩优异，他提前修满学分，早毕业了整整一年。机会总是留给有准备的人，优秀的朱自清被推荐去了浙江省立第一师范学校担任语文老师。那一年，朱自清才22岁。

浙江一师是中等师范学校，那里的学生年龄差距很大，小的只有十五六岁，年龄大一点的几乎快和朱自清一样大了。这让新上任的小老师感到压力很大。

朱先生长什么样呢？他个子矮矮的、身材胖胖的，喜欢穿一件青布大褂，实在不像个理想中儒雅的语文老师。如果上课讲得精彩也就罢了，可是他偏偏有些口吃。准备好的内容好像都卡在喉咙里倒不出来，这让他更加着急。越是急，就越是讲不好。朱先生因为缺乏教书经验，课堂很少与学生互动交流。他一个人从上课讲到下课，同学们哪里受得了，只好打瞌睡。

他隐隐约约感觉到了同学们的不满，这让向来优秀的他备感挫败，开始怀疑自己的教学能力。没过几天，他就心灰意冷地写了封信，寄给推荐人蒋梦麟先生："蒋先生，我做老师的学识还不够，想想还是离开这里吧，不做老师了。"

蒋先生是北大代理校长，他接到朱自清的信，心里一沉，想：我们培养出了这样优秀的朱自清，难道还教不好那里一师的学生？那一定是学生太差了。蒋梦麟越想越气愤，直接把自己的想法写下来，寄给了一师的校长姜伯韩。

经过几番周折和挽留，朱自清总算是留了下来。他静下心来思考，厘清了自己存在的问题：教学和自学是不同的，要让学生喜欢学习，课堂气氛才能好起来。

此后，无论是上课还是下课，朱自清都很愿意和学生成为朋友，拉近与学生的心理距离。这就是大作家朱自清虚心改正的故事。

1923年2月，朱自清到温州浙江省立第十中学任教，主要教授国文课。在此之前，朱自清还在台州第六师范执教过将近一年的时间，风景如画的台州给朱自清留下了深刻的印象。当时，朱自清已是新文学创作的一位重要作家，也陆续创作了许多经典作品，《匆匆》就是这时写就的。由于温州十中的金荣轩与朱自清的朋友周予同是老乡，在他们的极力推荐下，朱自清不久便收到了温州十中的邀请。学校希望他能到温州来教书。这对学校来说无疑也是一件令人高兴的事。于是，朱自清离开了他喜欢的台州，到了温州教书。

由于在一师积攒了许多教学经验，他在温州十中的课很受学生欢迎。这段时期，朱自清创作了文章《温州的踪迹》。

快到年底，夏丏尊邀请朱自清到宁波省立四中做语文老师。同时，绍兴上虞的春晖中学也想聘请他。于是1924年春节，朱自清正式辞去了温州十中的工作。

来到春晖中学后，朱自清的写作课上得越来越好。他常常发表一些散文，同学们很喜欢，都把他当作明星来追。之前，他和好友俞平伯一起游览秦淮河，两人曾一起写就同名散文《桨声灯影里的秦淮河》。朱自清就在写作课里拿自己的文章当例子，希望同学们都鼓起劲来，不要害怕写文章，也不要想着一蹴而就，写作就是要慢慢来。他说："我每天回家去写

一点，有时一天只写一两句，这样慢慢地积成一篇篇文章。”

日子随云去。从1920年6月往后的五年里，朱自清频繁地更换了六所学校。机缘巧合之下，朱自清最终离开江南，于1925年去清华大学教国文了。

教大学生比教中学生难度大很多，因此朱自清备课也更加认真严谨。他教“中国新文学研究”这门课，光讲义就有三

种——一种铅印，两种油印，并且随时增补修改。他批改作业极其认真，一个标点符号都不放过。有天半夜他拉肚子，一连拉了十多次，人都快要虚脱了，可他还是坚持要把学生的作业先改完。无奈之下，妻子只好在书桌旁放一个马桶，让他边拉边改。朱老师还有个习惯：一上课就开始点名。班里的学生只要一看是朱老师的课，再怎么想睡也要硬撑着爬起来去上课。因此，朱自清给学生们留下了认真严格的印象。

『给自己列学习清单』

小朋友们，学习上，你吃得起苦吗？

你可能会说："老师，我很能吃苦的。比如，我每天按时到校，听课认真不走神，晚上我做作业常常超过十点钟……"这听起来确实已经很努力了。那么你们想知道，大作家朱自清是怎样学习的吗？

当时清华大学规定，老师每工作五年，就可以带薪出国休假访学一年。这样好的待遇，朱自清怎么能错过呢？1931年10月，朱自清为自己制订了英国文化之旅的计划。他打算在这一年里，除了恶补自己糟糕的英文之外，还要地毯式地学习外国的诗歌、小说、戏剧、音乐、绘画种种，以丰富自己的学识。

朱自清为自己列了一张计划清单。那么，清单里有哪些具体的事项呢？

第一，在伦敦大学里扎扎实实学好语言学、拉丁文和英国文学等课程，这是雷打不动的课程。

第二，课余时间要看各类演出，参观各种展览，参观博物馆以及名人故居——要知道，很多知识都是从这些活动中得来的，而且还能提高英文听力。有一阵子，朱自清特别喜欢莎士比亚的戏剧，只要一有演出，他就会去买票看剧。三四个月下来，他足足看了27场戏。

第三，列个书单，出门就要带一本书。朱自清在朋友中是出了名的爱书如命。在北大读书的时候，他偶然闲逛到琉璃厂华洋书庄，不料竟看见了新出版的韦伯斯特大词典。朱自清顿时两眼放光，可没一会儿又黯然失色，自言自语道："终于让我等来了这本大词典，可是我哪里拿得出十四元呀？"他垂头丧气地往回走，没走几步，他心想：要不然就把父亲给我做的那件紫毛水獭领大衣拿去当铺当了，等哪天有钱了，我再去赎回来。尽管这并不是一个好办法，结局也并没有太好（紫毛水獭领大衣没能赎回来），却让我们看到了一个为书痴狂的朱自清。来到英国以后，他马上给自己列了一张书单：

小说家：贝内特、哈代、劳伦斯、韦尔斯、康拉德、尼瑞第斯。

诗人：梅斯费尔德、瓦特·德拉穆尔、哈代、豪斯曼。

剧作家：萧伯纳、巴里、高尔斯华绥。

散文作家：斯特雷奇、贝洛克。

除此以外，他还利用一切时间通读历史、神话、现代作家作品选等等。来到英国，原版书让他欣喜若狂，哪里还顾得上荷包里的钱够不够下一顿饭。1931年10月19日下午拉丁文课放学后，朱自清乐呵呵地抱着一堆书。“今天值得纪念，竟然淘到了这么多好书！《今日之诗》《各国歌谣》《诗艺》《英国文学小史》《爱书人闲话》《文体论集》……”原来，他还订购到了日思夜想的牛津版《莎士比亚全集》、柴尔德《英国歌谣集》，花了他整整十镑！

第四，苦学英文，屡败屡战。关于英文，实在是令朱自清着急。他努力找到问题所在，每天告诉自己要刻苦练习。

日记里他这样写道：

在会话课上，由于我说话不流利，戴维斯夫人两次劝我在家里多做替换词汇表上的练习。不过我觉得自己的主要问题不在于说，而是在于听。我的耳朵太迟钝，大概不适于学音乐和外语，特别是人到了中年更难学。在失望的打击下丧失了信心，真的毫无信心！（1931年11月13日）

然而，朱自清并没有向困难低头，他坚定不移地勤学苦练。一周以后，他在日记里写道：

我在阅读英语方面的进展实在太慢了，不知道该怎样办才好。看来得做更多的工作，比现在每天做的要多得多。

去听德拉马尔先生的讲课，这次比上星期能多听懂一些了。（1931年11月19日）

你们瞧，仅仅过了一周，朱自清就能多听懂一些英文了，背后其实花费了许多别人看不见的努力。

朱自清先生就是这样一位敬业爱业、勤思敏学，有毅力、又有责任心的老师。

『十字路口的风骨』

作为清华大学的教授，朱自清的名气自然是响当当的。可是朱自清却一直过得很清贫，甚至常常迫于生计，要变卖掉很多值钱的东西勉强度日。这是什么原因呢？

家庭负担重。朱自清的第一任妻子过世之后，留下的子女和老人生活在老家；后来的妻子陈竹隐生下几个孩子，但他们常年生活在成都，而他自己住在昆明。一个人需要操持这样一个大家庭，经济压力很大。为此，省吃俭用的朱自清一直靠兼职来多挣一些钱，有时候还得向朋友借钱。

然而对于这样艰难的日子，朱自清从来没有怨言。他只是一头扎进工作里，从不委屈家人朋友，宁愿苦着自己。

一次，朱自清拿着家里的行军床去永安行寄卖，以换一些钱。原本他估摸着能卖一百二十元，被商家讨价还价一番后，只卖了六十元。

夜深了，朱自清一个人默不作声地在月光里缝袜子、补被子。对他来说，吃饭最难。因为总是一个人住，身边没有人照顾，便常常是饿一顿饱一顿，结果患上了胃病。每隔几天，就要胃痛一次，有时候更是持续胃痉挛。虽然如此，他还是会每个月把积攒下来的钱如数寄回家里。

艰苦的日子持续了没几年，朱自清的身体就彻底垮掉了。人变得极其憔悴，体重不足四十公斤，皮肤暗淡松弛，完全不像个中年人。1948年8月6日凌晨，朱自清突然呕吐不止，送去医院后，被诊断为胃溃疡导致胃穿孔。那段时间，市面上粮食紧缺，美国为了支持蒋介石，就运来一些面粉想要“救济”中国人。朱自清看透了其中的利害关系。6月18日，他在《抗议美国扶日政策并拒绝领取美援面粉宣言》上签了名，坚决拒绝领救济粮，主动退回每个月的面粉配给证和面粉票，一身傲骨。

入住医院后，朱自清身体虚弱，没过几天，便连话也说不清楚了，但他还是断断续续地对妻子说了两句话："我……已……拒绝……美援，不要……去……买……配售……的……美国……面粉。"

最后的时光里，朱自清仍然保持着民族尊严，尽显文人风度。

聊聊梦想

我觉得朱自清的梦想是________________________________

为了实现梦想，朱自清做了什么？

____

我的梦想是____________________________________

为了实现梦想，我已经做了什么？

____

我还要做什么？

____

小链接：朱自清先生“刹那主义”的人生观

朱自清先生有一个很重要的观点叫“刹那主义”。那么，什么是“刹那主义”呢？

朱自清曾在寄给好友俞平伯的信里说：“每一刹那有每一刹那的意义和价值。”这句话的意思是说，时间就像不止步的流水，一直不停地往前走，仿佛是由一点一点的时刻连在一起，无穷无尽。那么，如果要完成一件有意义的事情，组成它的时间里的每一个时刻都应该要好好把握，所以每一分钟、每一秒钟、每一个“嘀嗒”声里，我们都要好好努力，把每一刹那的事情都做好，这样就很有价值了。

他又告诉我们：“刚刚过去的这一刹那

追不回来了，那么我们不要为此太过伤心；下一个刹那还没有来到，它会怎样我们也不要浪费心思去乱猜。只有现在，才是我们应该要抓紧的时刻！”

人生无常，所以我们更要珍惜每分每秒。小朋友们，看到这里，你懂得“刹那主义”的意义了吗？

老舍：

雅趣生活，谦卑待人

假若我们也要写好文章，我们便也应该去细心观察人生与事物。观察之后加以揣摩，而后我们才能把其中的精彩部分捉到，下笔如有神矣。

——老舍

人物档案

老舍（1899~1966），小说家，出生于满族正红旗家族。他原名舒庆春，字舍予，老舍是他的笔名。老舍的父亲是一名护军，后来阵亡在八国联军攻城之战中。小时候的老舍跟着母亲艰难度日。他本想辍学找个工作养家，但因为喜爱读书，私塾毕业后又偷偷考进了寄宿制的师范学校。1918年师范毕业后，老舍就被派到一所小学做校长。

五四运动时期，老舍开始尝试写小说，并陆陆续续在杂志上发表。27岁时，老舍赴英国伦敦大学担任讲师。回国后，任齐鲁大学教授。在此期间，创作小说《小坡的生日》《猫城记》等。1936年，辞去山东大学文学教授一职，专心写作，同年写成长篇小说《骆驼祥子》。

老舍一生创作颇丰，《四世同堂》《骆驼祥子》《茶馆》《龙须沟》等都是他非常有名的代表作。他的作品主要以老百姓的生活为题材，语言朴实、细节真实。1951年，老舍被北京市人民政府授予“人民艺术家”的光荣称号。

很多作家都对养猫情有独钟。譬如，丰子恺先生养过一只名叫“白象”的猫，抗日战争的时候还不忘捎着它到处跑。哪天要是白象不见了，一家子的人都得出动去找猫，疼爱得不得了。等白象生下五只小花猫后，他们更是宠爱呵护，还天天冲克宁奶粉给它喝。作家郑振铎也爱猫，家里养猫不断。为此，他专门写过一篇散文《猫》。诗人徐志摩更是出了名的爱猫人士，曾经送给胡适一只猫，称之为“狮子”。每次到胡适家里做客时，徐志摩都要跟“狮子”逗玩上一阵子。

老舍喜欢猫，也喜欢养猫，他爱猫的程度，恐怕一点儿也不亚于上面这些作家。有一回，那些调皮鬼跳进院子里捣乱，使老舍心爱的花花草草一片狼藉，可他并没有责打它们。说是宠溺一点儿都不过分。

有一阵子，老舍眼见屋子里的老鼠们日渐猖狂，于是铁下心花了二百六十元买了一只很小很丑很不起眼的猫来，盼着能靠它抓几只大老鼠，解决家里粮食被窃的大问题。起初，对于这只看着较弱的猫能否抓老鼠，老舍还是半信半疑的。直到有天早晨一开门，那只不起眼的小猫咪竟然爪子底下按着一只快断气的老鼠，样子无比神气威风。自那以后，老舍就更爱猫了！

爱猫的人仿佛都有一种共性，他们往往性情宽容、真挚善良。老舍就是如此。不信吗？那就往下看一看。

『老舍的生活雅趣』

生活中的老舍，把日子过成了诗。他除了喜爱猫，还有许多颇具闲情逸致的小爱好：爱画、爱养花、爱许许多多的小动物。

从美国纽约讲学回国的老舍，用自己所得的书稿版税在北京乃兹府丰盛胡同里买了一个小四合院，从此过上了清净写作的日子。他十分喜爱自己的小院子，而且愿意在院子里倒腾各种东西，妻子胡絜青就常常用“恋家”来形容自己的丈夫。

怎样“恋”呢？

老舍经常撸起袖子，亲自动手打扮院子。他每天把那些笨重又娇气的花盆搬进搬出。这小院子里足足安置了好几百盆菊花。秋天一到，菊花成片地盛放，老舍于是乐呵呵地开始向他的朋友们发出邀请，让他们来小院子里参观自己的菊花展览。观展不仅不收费，老舍还自掏腰包买了各种各样的北京特产——糕点啊，烤肉啊，糖果啊，一一款待前来捧场的人。

见大家吃得高兴，看得欢喜，他自个儿也乐在其中！

老舍天性爱花草，一辈子都没变过。

有一回，老舍的朋友来他济南的家里做客。这位朋友是山东人，山东有一道名小吃叫作“炸荷花”。顾名思义，就是将荷花瓣裹上一层面粉，下油锅里炸。这道小吃鲜甜可口，吃完后嘴里还会飘出荷花的淡雅芬芳。可是老舍哪里晓得这名堂！那天正值盛夏，两人逛了一圈大明湖回到家中。老舍计划着与朋友喝点小酒、吃点儿煮毛豆，然后对着刚刚种好的两盆白莲花吟诗作乐，别提多美了。于是，老舍吩咐家里的老厨子煮点毛豆角，自己则到书房里头找诗稿。他的朋友则静静立在莲花前面自顾自欣赏着，脸上露出美美的笑容。

这两盆莲花可费了老舍不少心思。花盆是从北平(今北京)千里迢迢找来的,四周包着青苔,像个老古董。泥是专门从黄河里挖来的。水呢,更是稀奇又奢侈,是趵突泉的泉水。老舍每天写稿之余,都要走到这两盆莲花跟前美美地赏着,盼着这两盆白莲花快快长大,快快开花。光是将这两盆莲花入诗,都已经不知多少次了。

没多久,老舍从书房里出来。他一愣,只见朋友两手抓着什么东西。原来,盆里的白莲花全都静静卧在他的手里了!老舍差点儿晕厥过去,一时半会儿没回过神来,说不出一个字。朋友笑着说:"这几朵也对付了,不必到湖上买去了,其实门口卖菜的也有,不过没有湖上的新鲜便宜。你这些不很嫩了,还能对付。"然后一边说,一边往厨房里走去,把手里的莲花瓣全都递给了老厨子,留下一句话——老田,炸了吃,用上好的香油炸。直叫老舍哭笑不得。

老舍是作家,也爱画,只不过不是像画家那样作画,而是在笔记本上"涂鸦"。兴致一上来,他就翻出自己的笔记本,用钢笔在上面描一描、勾一勾,一幅小画就完成了。这是老舍写作之余另一个小小的爱好。据老舍的儿子舒乙回忆,父亲画得最多的就是无名小花、小人和蔬菜。虽然父亲没有什么绘

画的才气，甚至有些笨拙，但是他画的大萝卜和小蝌蚪有齐白石的痕迹。其中有一张题名为“尖端人物”的小漫画，画了一个戴着一顶又尖又高的帽子的小人，俏皮极了。

收藏也是老舍的一大爱好。除了收藏字画、小古董之外，他还喜欢收藏折扇。有一回，老舍参加在北京召开的中国作家协会理事扩大会，正值夏季最炎热的三伏天。老舍就把自家收藏的折扇随身带着用。作家碧野后来回忆起当时开会的情景说:“老舍每天带折扇,扇面上的字画都不相同。一问才知道,他有一百把这样精致的折扇,上面的字画都出于名家之手,十分珍贵。他每天换一把用,既是凉风习习使人神清气爽,又是艺术珍品令人赏心悦目。他每年用一次扇子,一次一百天,整个夏季就过去了。老舍对这一百把折扇,视如珍宝。”

小小的家,容纳了老舍特别的喜好和追求。他的艺术修养体现在生活中,便是他的闲情雅趣。生活的艺术被他变成艺术的生活。

『老舍与《骆驼祥子》』

写作需要素材,而绝大部分素材都来自生活,一个出色的作家需要不断积累丰富的生活经验。老舍就是如此。

1936年,老舍是山东大学文学系的教授。一次,学校的一位朋友拜访老舍,闲谈时讲到了他在北平曾经雇用过的一个人力车夫的真实故事。

朋友感慨地说:“这个车夫自己买了车,结果因为一摊子事,又把车给卖了,到了最后整个人都垮了。”

老舍听完,脑中立刻出现了祥子穷苦落寞的模样。

接下来，朋友又说："还有一个车夫也是奇，被军队抓了去，以为这下子半条命算是没了。可结果倒好，他趁着军队转移之际，偷偷牵回了三匹骆驼，这算是哪门子的好事！"

关于这两个车夫其他的事，老舍没往下追问，但骆驼与车夫的故事从此就烙刻在了他的脑海里，挥之不去。

在这之后的小半年时间里，老舍不断地构思，不停地添砖加瓦，把祥子的生活像一张蜘蛛网那样编织起来，最终酝酿成一篇十多万字的小说。

环境有了，可骆驼该怎么办呢？老舍从来也没养过骆驼呀，这怎么能写得生动呢？

于是，他向了解骆驼的齐铁恨先生打听了骆驼的生活习性，把骆驼的行为样貌一一记了下来。

至于人力车夫祥子，又该怎样去刻画呢？老舍这样说："一个车夫也应当和别人一样有那些吃喝以外的问题。他也必定有志愿……有家庭和儿女。对这些问题，他怎样解决呢？他是否能解决呢？这样一想，我所听来的简单的故事便马上变成了一个社会那么大。我所要观察的不仅是车夫那一点点浮现在衣冠上的、表现在言语与姿态上的那些小事情了，而是要由车夫的内心状态观察到"地狱"究竟是什么样子。车夫的外表上的一切,都必有生活与生命上的根据。我必须找到这个根源,才能写出个劳苦社会。”

到了这一年的夏天,老舍辞去了山东大学的工作,一门心思在家里写《骆驼祥子》。1936年9月,小说开始发表在《宇宙风》杂志上。他一边写一边发表,前后差不多持续了将近一年时间。

由此可见,作家的写作绝不是凭借一时的念头,而是需要长期的构思与酝酿,还得深入生活去了解每一个故事背后的真相,设身处地地去了解人物的内心世界。

老舍创作《骆驼祥子》的写作过程正体现了这一点。他说:“虽然每天落在纸上的不过是一二千字,可是我在放下笔的时候,大脑并没有休息,依然在思索。思索的时候长,笔尖上便能滴出血和泪来。”老舍愿意舍弃优厚待遇的教书工作而专心写作,足见他对于写作的热爱。

『落花生的谦卑』

老舍始终怀有一颗谦卑而宽容的心,以及对万事万物的尊重,这让他具备了非凡的洞察力。这一切还得从一颗落花生说起。

许多人喜爱山珍海味，老舍却偏偏对最不起眼的落花生情有独钟。他曾经专门为它写过一篇散文，题目就叫“落花生”。他自言，只要口袋里装上四个铜板的落花生，那走起路来也能带风，仿佛比秦始皇还要骄傲！如果有人来问，哪天要是做了皇帝拿什么来享受呢？老舍绝对不假思索地回答：“派四个大臣拿着两块钱的铜子，爱买多少花生吃就买多少！”这话听起来该有多潇洒呀！

对于很多作家而言，香烟是他们必不可少的伙伴，老舍也不例外，且烟瘾极大。然而他写文章的时候，三四颗花生可以代替一支香烟。他还说：“家中要是有小孩儿，花生简直比什么都重要。花生不但可以吃，而且还能拿它们玩。把花生壳夹在耳垂上当环子，几个小姑娘就能办很大的一回喜事。小男孩若找不着玻璃球，花生也可以当弹儿，玩法还多着呢。玩了之后，剥开再吃，也还不脏。两个大子儿的花生可以玩半天。”这样看来，恐怕拿金子也换不了老舍手中的这颗落花生了！

正如喜爱朴实无华的落花生一般，老舍在待人接物上也时时显现出他的谦卑。他热情好客，交友不论身份地位，从不摆架子，因此他赢得了同时代友人们的一致好评。

20世纪30年代，著名学者季羡林在清华大学念书的时候，就十分喜爱老舍的小说。那时候的老舍已经是有名的大作家了。一次，老舍正在一家理发店里剪头发，正巧季羡林走了进来。那时季羡林与老舍只是简单的相识，见面点头寒暄而已，远远没到好朋友的地步。季羡林见老舍躺在椅子上，下巴粘着一团泡沫，就没说什么。等他理完发准备结账时才知道，老舍走的时候已经把季羡林的账也一并结了。

又有一次，北京召开中国作家协会理事扩大会。会后，老舍邀请了十八个作家和翻译家一同到东安市场的森隆饭庄吃饭。老舍跑到厨房里把厨师请到大家面前，随和地笑着说："我们这几个人，也不知点些什么好，您看着办吧，随意做些吃的待客就行了。"果然，越是谦和，厨师越是用心讲究。端上来的菜分量合适，而且美味可口。饭后，老舍亲自跑到厨房里向厨师道谢。

大概就是因为这样随和，老舍和任何人好像都能成为朋友。

有一次还是在这家森隆饭庄，老舍为画家齐白石老先生祝寿，一共邀请了三四桌客人。齐白石等人坐主桌，裱画师傅刘金涛和三轮车夫等随从人员也全都安排上桌吃饭。吃饭的时候，老舍还不忘给师傅们敬酒。只见他站在主桌旁高举着酒杯，大声地说："我提议，请大家为工人阶级刘金涛师傅敬一杯酒！"齐白石老先生听了也很高兴，大家一同举杯饮酒，其乐融融。

齐白石比老舍年长三十多岁，两人算是忘年交。说起两人的相识还有一段故事。老舍的妻子胡絜青当时在北平没有工作，主要就是在家做些家务，帮助老舍整理整理稿子。她有一阵子迷上了国画，便参加了一些国画研习社，后来经人介绍，有幸成了齐白石的弟子，每星期要上门学两次国画。久而久之，老舍也认识了齐白石。

虽然有了亲近的关系，可是老舍求画全都按价付费，有时候还要客气地多付一些钱。正是因为老舍的谦和与真诚，齐白石常常会把自己满意的画赠送给老舍。有时逛店，碰巧看到墙上悬挂着齐白石先生的画作，老舍还会亲自掏钱买下几幅带回家，大的小的，总共有几十种。

老舍的家虽然不大，却把北屋整整一大面墙用来挂画。每隔半个月还要更新自己的"国画收藏展"。闲暇时，老舍就自个儿搬个凳子坐在齐白石先生的画前，煮上一壶茶，细品一番。碰到亲朋好友结婚乔迁，老舍就翻看他收藏的那些齐白石真迹，精挑细选一番，然后用报纸把选中的画儿一层一层包起来，登门拜访时送出去。于是，几乎没有人不知道老舍喜爱齐白石先生的画了。

老舍十分尊重齐白石先生，齐白石先生也非常尊重老舍，常把一句话挂在嘴边，那就是："老舍先生，我要向你磕头。"

老舍爱喝酒抽烟，也爱书法国画；爱打麻将玩骨牌，也爱古董收藏养养花。老舍把生活过成了有滋有味的诗，也把小说写得真实感人、有生活气息，他对人对事都充满了智慧。

聊聊梦想

我觉得老舍的梦想是________________________________

为了实现梦想，老舍做了什么？

____

我的梦想是____________________________________

为了实现梦想，我已经做了什么？

____

我还要做什么？

____

小链接：人力车夫是怎样一种职业？

人力车是城市里一种依靠人的体力来拉动的交通工具，人力车夫就是拉着人力车载客的职业群体。

无论刮风下雨，人力车夫为了挣钱生活，都得靠两条腿拉着客人在大街小巷里奔跑，因此人力车夫这个职业很辛苦。更糟糕的是他们的收入非常微薄，只能勉强度日。《骆驼祥子》里拉车的祥子就属于这样的一类人。

那么，哪些人会选择去做人力车夫呢？

如果你会修鞋裁衣，或许你可以开一家小小的修鞋店、裁缝铺；如果你会给人理发，或许做个理发师也很不错；如果还能擅长烙个饼，也许还能开个煎饼早饭铺，生意没准儿还挺好……可如果遇到什么也不会的人怎么办呢？于是只好出卖人力，去拉车。

车夫的收入很少，刚好糊口而已。而且，拉车经常出事故，甚至有车夫因体力透支而猝死。

三轮车是自行车与人力车的结合体，随着自行车的出现，三轮车开始替代靠腿跑的人力车，各种样式的三轮车也日渐兴起，改善了车夫的工作条件。现在，我们还能在一些小镇上见到车夫骑着三轮车，车子上有可以遮阳挡雨的顶棚，甚至还有了全电动的三轮车，车夫就再也不用全靠双腿奔跑了。

戴望舒：

为浪漫而生，为时代而诗

这些好东西都绝不会消失，因为一切好东西都永远存在，它们只是像冰一样凝结，而有一天会像花一样重开。

——戴望舒

人物档案

戴望舒(1905~1950),中国现代派象征主义诗人、翻译家,生于浙江杭州。他小时候酷爱读书,天资聪颖,在读中学时就已发表小说《债》。1923年,他考入上海大学文学系,结识作家施蛰存,并与他成为一生的挚友。两年后,上海爆发"五卅惨案",上海大学被封锁,戴望舒便转入震旦大学学习法语。读书时期,他大量阅读法国诗人的作品,并尝试翻译,最早的译作是雨果的诗歌《良心》。

1926年,戴望舒与施蛰存、杜衡一起创办诗刊《璎珞》。此后,陆续与友人创办过《文学工场》《新诗》《顶点》等多个文学期刊,也担任过许多杂志的编辑。1938年，他抵达香港，主编《星岛日报》的副刊《星座》。此间，戴望舒坚持文学创作，在抗战全面爆发后积极参与文艺界的爱国活动。

戴望舒的诗歌创作，以民族精神为灵魂，吸收外国文学的艺术营养，建构了具有时代特色的中国诗歌新流派。戴望舒因此被称为“现代诗派的诗歌领袖”。

小朋友们，雨过天晴的时候，你会想要做些什么呢？

或许你会提着竹桶走到溪水边快活地摸鱼钓虾，或许你会伸个大大的懒腰肆意地喊出一声“终于放晴了呀”，或许你会静静地趴在窗台，巴望着彩虹在天边悄悄出现……有位诗人，他也很喜欢雨过天晴的浪漫。每当天气放晴的时候，他就沿着小径走过湿润的泥路，抚过新绿的小草，伴着清透飞舞的蝴蝶，走呀走，朝着阳光明亮的方向。

这位浪漫的诗人是谁呢？

他就是被称为“雨巷诗人”的现代作家戴望舒。

他除了喜爱碧空万里的晴天，还深爱着淅淅沥沥雨季中独自走来的一位姑娘。她撑着油纸伞，仿佛丁香花一样芬芳，又哀怨彷徨。她默默行走在寂寥又美好的雨巷里，让人充满了遐想。

于是有人说，戴望舒的一生有两大追求：一是写诗，写很多很多浪漫又热烈的诗；另一个是爱情，穷尽所有生命的时间也要痴痴地追求心爱的丁香般的姑娘。

『诗人的爱，一半都给了那些浪漫的诗刊』

有人说，戴望舒是个多情又痴情的诗人，一生有过三段热烈的感情，却都因他过于强势的控制欲而宣告失败；但有人觉得，他更是个专一又执着的诗人，对于诗歌有着用不完的爱，对于办诗刊这件事，也似乎有着使不完的劲儿。

没错，戴望舒前前后后几乎把心中所有的爱都分给了这两者——爱情与诗歌。于是，我们走在雨季的街巷中，仿佛总在期望遇到“一个丁香一样地、结着愁怨的姑娘”。

戴望舒一生参与过不少文学杂志经营活动，创办过《璎珞》旬刊，担任过《现代》编辑，筹办过《现代诗风》杂志，还担任过《文协周刊》编辑委员，但是比较有影响力的还是《新诗》和《星座》。它们见证了诗人与一大批同时代的文学青年投身于文学理想的青春时代。

20世纪30年代有一种说法：但凡有赚钱想法的人都出去找机会了，但凡真正有文学理想的人也都留在了写诗的地方。戴望舒就是一位只爱诗歌不爱钱的人。

那个时候，国民政府对文化出版大力打压。仅仅1936年

1月到3月，就查禁了24种文学刊物，这让可怜的诗人更加绝望。

“可是，如果不为诗歌做些什么，我活着又有什么意义呢？有的人生来就是为诗而活，我只想成为一名纯粹的诗人。”戴望舒下定决心，说干就干！

刚要迈出第一步，令他头疼的事便来了：新办的诗刊，取什么名字好呢？天底下那么多用过的名字，什么“大风诗歌”“诗歌月报”“诗歌生活”“青年诗话”“菜花诗刊”“诗林”“诗帆”……几十种类似的名字，实在令人头疼！

“诗歌杂志总不能不提‘诗’吧，我们不如就叫‘新诗’，既简洁又明了，怎么样？”戴望舒转头问了问家里的几个朋友，两个年轻人徐迟和纪弦都表示赞同，于是《新诗》就诞生了！

可是没有钱怎么印刷出版呢？

戴望舒把压箱底的一百元私房钱拿了出来，说：“我出一百！你们有多少拿多少，咱们先做做看，说不定会越来越好呢！”徐迟和纪弦表示同意，各拿出了五十元。这样，启动资金就有了着落。

为了省钱，诗社地址就定在戴望舒位于上海的家里，亨利路永利村30号。

《璎珞》
《现代诗风》
《新诗》
《星岛日报·星座》
《文协周刊》
《现代》

最初，期刊全凭戴望舒的交情来约稿。他在文坛很有号召力，没几天工夫，卞之琳、冯至、梁宗岱、孙大雨这四位文坛响当当的大诗人都加入了编委会，陆陆续续投稿的作者也越来越多。林徽因六篇，金克木五篇，废名八篇，施蛰存六篇……就连他自己也投了，而且排名第一，十七篇。可千万别小瞧这初出茅庐的《新诗》，每一期一共有一百二十五页呢，足足抵得上一本像样的书籍了。

做完十期后，《新诗》无奈被迫停刊。

戴望舒作为诗坛领袖，有着深深的责任感，仍然想要把诗刊做下去。

1938 年，戴望舒来到香港不久，一边张罗着把家安顿下来，一边四处打听文艺界的抗日情况，比如办诗刊、做编辑之类。

一天，刚好有一家新组织的《星岛日报》需要招募副刊的编辑。戴望舒想了想，觉得合适，便找人写了一封介绍信，准备去见一见社长。

刚一走进编辑部，一股浓浓的油墨味飘过来。戴望舒略微有些失望：大门牌子还没挂起来，印刷机也才刚刚运到，这排字房都还没个影，就更别提什么编辑部办公室了。

直到见了社长胡好先生，戴望舒才打消了放弃的念头。19岁的胡好把自己办报纸的理想一说，正和戴望舒的文学理想一拍即合，他们一见如故。这样，戴望舒第二天就高高兴兴到报社工作了。

太平洋战争爆发后，香港的形势也变得十分紧张。戴望舒把家里的棉被抱到报社的柜子里一塞，晚上就通宵赶工，有时候连饭都忘记吃，日子过得异常艰苦。然而没有什么能够阻止诗人持之以恒地把诗刊办下去的决心，因为一想到前方战场上伤亡的抗日将士，诗人的眼泪就会忍不住流下来。

在《星岛日报》的副刊《星座》上，戴望舒实现了自己的文坛使命。四面八方的稿子向编辑部飞来。几乎没有哪一位知名的作家没有在《星座》上发表过文章，《星座》也成为众多诗歌刊物中一颗闪耀的星星。

『铁面无私的“裁判长”』

说戴望舒是“黑脸包公”，那真是一点儿也没错。尤其在诗歌水准这件事上，诗人从来不放水，始终秉持着客观公正的处事原则。只要是优秀的诗歌，不管作者是不是有名的作家，都会被戴望舒认可。

在《新诗》第一期出版之后，仅仅二十多天时间里，他们就收到了全国各地寄来的四百多篇诗歌稿件，叠成高高的一座小山，其中就有大量的新人诗稿。徐迟和纪弦在当时也还只是文坛新人。徐迟是南浔小学的一名老师，纪弦也是没什么名气的小诗人，但是戴望舒十分看重两人的才华，不仅邀请他俩与自己一同合伙创办诗刊，还隆重推荐他们加入编委会。就这样，三个人不分你我高低，一块儿干起了编辑的活儿。

在戴望舒办《新诗》的时候，左翼作家联盟（简称“左联”）也办起了自己的刊物《新诗歌》。一时间，两个刊物有了那么点儿针锋相对的火药味。

《新诗》主张尊重诗的自由与艺术，《新诗歌》却带着浓浓的政治色彩。于是《新诗》免不了遭到《新诗歌》的猛烈“攻击”。戴望舒倒是很豁达，坦然回应道：“诗歌就是诗歌，拿诗歌当作功利主义的工具，那诗歌就失去了本来的艺术价值。但是我们的《新诗》仍然非常欢迎全国各地的好诗，只要诗歌好，我们就应该推荐。”

还别说，戴望舒真的做到了。“左联”是在革命背景下由中国共产党组织创建的文学团体，它们的创作宗旨与《新诗》不同，更加注重作家的作品要有社会斗争的意义。鲁迅就是当时“左联”的旗帜人物，还有茅盾、巴金、丁玲等等。诗人艾青是“左联”中被称为“太阳与火把”的诗人，不仅很有威望，诗歌也写得极好。艾青的许多抗战时期的诗歌都是现实主义作品，描写苦难的中国大地，表达对同胞深深的同情与渴望光明的心理。

一天，戴望舒偶然读到了艾青的一首诗。他万万没有想到，“左联”作家中还有这样一位诗性极高的诗人，他被深深折服了。为此，他专门跑去艾青的家里拜访，两人从此建立了深厚的友情。《新诗》的第三期印发了艾青的诗歌。

『林泉居的友情』

抗日战争爆发后，戴望舒转至香港继续报刊事业。1942年3月的一天，戴望舒去香港街角一家理发店里准备理发。

忽然，两个黑衣人推开了沉重的玻璃门，径直走到他身旁悄声说道：“戴先生，请跟我们走一趟。”说完，戴望舒被两个日本特务带走了。原来，日军占领香港后，知道有很多在群众中有威望的作家在进行抗日活动，而戴望舒当时是中国文艺家协会香港分会的领导人，他们便希望他能够招供出一批文人。

“听说，你们组织里有个叫端木蕻良的年轻人，文笔很不错，写了不少‘好’文章，是不是？”一名日本高官趾高气扬地在戴望舒面前走来走去，想要探出一些口风。

“不知道。”戴望舒一脸不屑，头也不抬，冷静地回答道。

日本人一听，立刻涨红了脸，扯高了嗓门继续逼问：“这么说，你是不配合咯？”

“我不知道。”诗人仍然回复得不卑不亢，平静而沉稳。他深知，一个真正有骨气、讲义气的人不能做任何出卖朋友的事，那样很卑劣；同时他也很清楚，这样决绝的反抗，意味着自己将会面临严酷的拷问与摧残，甚至付出生命的代价。

“你……你！把他关起来！不给他半滴水喝！”日本人愤怒至极，随即以“宣传抗日罪”把诗人关押起来。

这一关，就是好久好久。

黑漆漆的牢房里气氛十分冷峻。日本人严酷审问，变换着各种招数，还对他用了刑，可是诗人始终缄口不言。那个时候的戴望舒还身患哮喘，时常被他们打得发病，夜里的咳嗽声响彻整个牢房。

4月27日，戴望舒忍住了孤独却忍不住深深的忧愤，于是在潮湿发霉的墙壁上写下了一首《狱中题壁》，诗里字字充满了坚定与绝不妥协：

如果我死在这里，
朋友啊，不要悲伤，
我会永远地生存
在你们的心上。

你们之中的一个死了，
在日本占领地的牢里，
他怀着的深深仇恨，
你们应该永远地记忆。
……

这就是诗人戴望舒有情有义的一面。

大家是不是要问：能让诗人将个人生命安危抛至脑后的端木蕻良，究竟是怎样一位人物？一定是文坛领袖，或是哪个极有声望的名人吧？

然而并不是。那时候的端木很年轻，只有27岁，他出生在东北辽宁，写了一些不错的小说，常常参加内地的抗日文学活动。

戴望舒在香港时，主要主持《星岛日报》的副刊《星座》。他得知重庆有这样一位有志青年，十分欣慰，也感到高兴。于是便写了一封信给端木，信里说："我读过你的小说，写得相当不错！也知道你满腔热血，做了很多甚至出名的人也做不到的事，这非常好。我在办的《星座》很需要你这样的年轻作家，我可以帮你连载。"

这封信千里迢迢寄到了重庆端木蕻良的家里。

端木一打开信纸，就激动坏了。他读着信里真挚的话，不觉哽咽起来，内心十分感动。因为当时的端木还只是个初出茅庐的青年作家，而戴望舒早已声名远播，并且两人从未见过面。这样的热心实在令人敬佩。而此时端木正计划着写长篇小说，这样一来端木马上就答应下来了。

没过几天，稿子就像雪花片一样从重庆寄往香港，这多因了戴望舒不遗余力的扶持和鼓励。

"端木，稿子是否寄出？读者们很期待你的作品，可不能半途而废。身体可好？也不能整日整夜地写垮了身子。"他常常写信催着端木抓紧时间写小说，虽然战火纷飞，时局十分艰难，但是创作是第一要务，不能轻易放弃。于是，端木在前辈的督促下终于写出了长篇小说《大江》，而戴望舒主编的《星座》也没有失约，从当年3月16日起开始连载端木的作品。

精神上的鼓励是一方面，戴望舒还从物质上不计回报地帮助这位志同道合的青年作家。也许是在端木的身上看到了自己对文学的无限热爱，又或者是作为文学领路人的职责所在，他总是在生活上帮助着年轻人。时间一长，两人的关系越来越好，就像亲人一样。

端木曾经在《友情的丝——和戴望舒最初的会晤》这篇文章里回忆道："我和萧红离开重庆时，居然有人说：'随着汪精卫飞香港，端木也飞香港了！'但是，望舒、杨刚等对我们的热烈欢迎，以及在报上登的消息，使这一箭失灵了。"

原来，重庆市遭到日军狂轰滥炸，当时住在重庆的端木和妻子萧红只得被迫转移到香港。可是他们在香港举目无亲，暂时连住在哪里都感到茫然。就在失望乃至绝望的时候，戴望舒向他们伸出了双手。

1940年1月中旬的一天，戴望舒把刚到香港的端木夫妇接到薄扶林道自己的住所——林泉居做客。

林泉居环境非常美，他一边带着端木夫妇参观房子四周，一边对他说："端木，你看，这里很安静也很方便，望出去风景也宜人，如果写书写累了，就出来走一走散散步。我们的邻居非常友善，也有一些外国人，都很热情，有什么事情都可以相互帮忙，也好有个照应。房子有三层楼，很多房间也都空着，如果你们搬过来住，我和丽娟会很高兴的。"

虽然后来端木由于关节炎爬不了山坡（林泉居在山坡上）而谢绝了戴望舒的好意，但是这份可贵的友情永远留在了端木心里。通过戴望舒的介绍和引荐，端木认识了许多当地的朋友，书稿也写得很顺利。两人的情谊越来越深，从此成为挚友。

聊聊梦想

我觉得戴望舒的梦想是____________________

为了实现梦想，戴望舒做了什么？

____

我的梦想是__________________________

为了实现梦想，我已经做了什么？

____

我还要做什么？

____

小链接：戴望舒在香港域多利监狱

1941年12月7日，日本偷袭了美国珍珠港。紧接着，日军又把矛头指向香港，没多久就占领了香港。当时，茅盾、丁玲、邹韬奋、胡愈之等大量生活在香港的文化名人在中国共产党的营救下顺利逃离了香港，可是唯独戴望舒不肯撤离。

“跟我们一起走吧。留在这里，后果是不堪设想的呀！”徐迟拉着戴望舒，想要说服他跟着自己一道离开香港，可是遭到了诗人的婉拒。他痛心地说：“我不能离开这里，这一屋子的书是我的生命啊！我怎么能忍心弃之而去？”于是，戴望舒独自留在了香港。

不料，日军给这位诗人安上了宣传抗日

的罪名,关押进了香港的域多利监狱。

狭小的监狱潮湿阴冷,时时弥漫着霉烂的气味。面对国难,戴望舒感到无比愤慨。他在监狱中,用手掌抚摸着监狱的墙壁,仿佛能够感受到祖国正在遭遇的苦难。诗人将自己的心跳与祖国紧紧地扭结在一起,坚信一定能共渡难关。就是在这样的背景下,戴望舒写下了脍炙人口的诗歌《狱中题壁》。

沈从文：

凤凰古城飞出的“金凤凰”

日头没有辜负我们，我们也切莫辜负日头。

——沈从文

人物档案

沈从文(1902~1988),作家、历史文物研究者,出生在山水秀丽的湖南凤凰。沈从文进过私塾念书,14岁时参过军,随当地的军队一起流徙。1922年,他脱下军装,来到北京读书。1923年报考燕京大学(今北京大学)国文班没有被录取,成了北京大学的旁听生。

1924年,他的作品开始陆续在《晨报》《语丝》等报刊上发表,产生了很大的影响力。1929年后,沈从文先后到中国公学、青岛大学教过书,他一边教书一边写作,出版了二十多部作品集。1934年,他完成了小说代表作《边城》。1938年,任西南联大中文系教授,结识了汪曾祺、朱自清等人。

1948年开始，沈从文受到左翼文化界的猛烈批判，工作重心开始转移到文物研究。1978年，调入中国历史博物馆工作，主要从事文物研究。1981年，出版了《中国古代服饰研究》一书。

沈从文的创作风格偏浪漫主义，他的小说融写实、纪梦、象征于一体，颇具诗意。1987年和1988年，沈从文入围诺贝尔文学奖。

一切事保持一种淳朴习惯，遵从古礼；春秋二季农事起始与结束时，照例有年老人向各处人家敛钱，给社稷神唱木傀儡戏。旱暵祈雨，便有小孩子共同抬了活狗，带上柳条，或扎成草龙，各处走去。春天常有春官，穿黄衣各处念农事歌词。岁暮年末居民便装饰红衣傩神于家中正屋，捶大鼓如雷鸣，苗巫穿鲜红如血衣服，吹镂银牛角，拿铜刀，踊跃歌舞娱神。城中的住民，多当时派遣移来的戍卒屯丁。此外则有江西人在此卖布，福建人在此卖烟，广东人在此卖药。

这是沈从文笔下他成长的地方——湖南凤凰。

十五岁以前，这里便是沈从文成长的地方。湘西凤凰的山青翠葱茏，水柔软澄净，人淳朴热情，一切都是原生态的样子。吊脚楼高高地竖立在水中，苗族姑娘们随身一晃，那头饰就银光闪闪。白鹅伴着小舟轻轻划过，这片秘境仿佛从未被打扰。

风景如画的凤凰也正是由于地处偏僻、土匪很多，军队驻防成了必不可少的保障。沈从文的祖辈、父辈都以从军为荣。他祖父曾做过贵州提督（管辖全省的陆路官兵），父亲也参过军，做过提督罗荣光的副将。沈从文家兄弟姐妹一共九个，他排行第四。年纪还小的时候，他就被母亲安顿在舅父的军营中生活。一直到二十多岁，他都没有离开过军队。

父亲从小就对沈从文寄予厚望，给他取名为沈岳焕，希望他能像高山一样顶天立地、容光焕发。可是，为什么他后来又改名“沈从文”了呢？其中的故事，还得从他童年的私塾生活说起。

『生活中的疑问，都得自己去寻找答案』

六岁那年，沈从文被母亲送进私塾念书。

母亲虽然没有太多学问，但是她从小就教育沈从文怎样做一个善良、有责任心的人。母亲抓药时，会一字一字地教沈从文认药方上的字。就这样，沈从文在进私塾以前，已经能够认完六百个生字，因此常常觉得念书很幸福。由于沈从文记忆力特别好，认字又比别的孩子多一些，有时顽皮起来就会跟着同伴们逃学。

“又逃学了？看你还听不听话！过来罚跪！”母亲扯高了嗓门，脸涨得通红，右手拿着一根又粗又硬的竹板子，左手一把抓住沈从文的胳膊，往孔夫子牌位前拽。

“妈妈，您轻一点啊，我左边的屁股还没好，往右边……”沈从文话还没说完，一板子已经朝他屁股上打下去了。

“说过多少回了，学习要踏实，不能靠小聪明！”母亲瞧着这孩子三天两头变着法子逃学，心里有说不出的苦，“去，对着孔夫子像忏悔去。”

“这一炷香的时间，让我想什么好呢？天气渐渐暖了，河里的鳜鱼一条条被钓起来拔掉身上的刺，是怎样的情形呢？为什么他们使唤骡子推磨，要把骡子的眼睛蒙住？为什么……”

罚跪的时间是一炷香，为了打发这些时间，沈从文开始漫无边际地想象。只要是生活中看到的、听到的，他都用来联想。

六岁的沈从文哪里懂得“刻苦”二字。他出了名的贪玩，满脑子想着逃学。有时，他跑去偷人家果园里的枇杷吃，被人家发现后拿着长竹竿追着跑。他呢，以百米赛跑的速度一溜烟钻进了大山里。

沈从文对生活中的一切事物都充满好奇，他说：“我的智慧应当从直接生活上得来，却不需从一本好书一句好话上学来。”沈从文把这个理由当作逃学的理由。

当然，逃学是不对的，因为学习的途径很多，每天上学的路上就有很多值得观察思考的地方，但当时私塾的教育太局限了，旧课本与生活现实的差距非常大。他说："我想知道的太多，所知道的又太少，这常常令我发愁。"

那么，他又知道了哪些课本上没有的事情呢？

死蛇闻起来是什么气味？腐烂的野草和青草又有什么不同的气味？卖肉的屠户每天该是有多臭呀！他也钻过去闻一闻："噢，原来是这样的！"还有那些奇奇怪怪的声音，他都能通过自己长期的观察进行辨别：蝙蝠飞起来翅膀振动的声音，一头黄牛被屠户宰下第一刀时叹息嘶叫的声音……生活中不被人在意的小事，沈从文全都记在心里，后来在写作中将它们通过文字慢慢地重现出来。

生活中的每一处细节都充满了不一样的色彩，我们应当留意它们独一无二的样子，用眼睛、用耳朵、用记忆、用笔记录下来，这都是将来宝贵的财富呢。

噢,原来是这样的!
疼啊!
哗!

『改名“从文”』

沈从文转入高小那年，城里新建了四个军事学校，用来训练新兵。突然间，城里的气象焕然一新，大街小巷常常有这些学校的青年学生排队行走，特别精神，沈从文被深深吸引住了。

一次，有个学生来问他：“你愿意来这里上学吗？在这里学习，每两个月还能考一次军队，配吃一份口粮。如果做了守兵，将来还有机会能补上名额当兵呢！”沈从文一听，顿时振作起来，心想：谁都希望能够当兵，多么光荣，而且这也是年轻人唯一的出路。他赶忙跑回家问过母亲，母亲点头同意了，他就决定去报名那里的预备兵技术班。

其间，沈从文考了三次都没有考上，但他并不气馁，每天的训练照常进行。盘杠杆、过天桥、翻筋斗、打藤牌、舞长稍、耍齐眉棍……预备兵的各种项目都让沈从文给学了个遍。当然，他还自学了许多实用的文化知识。也是在这里，他学会了勇敢、负责、坚忍不拔。

后来，沈从文以补充兵的名义跟随三百多人的部队离开了老家。他走过许许多多的路，见过无数未见过的人和事，也接触到了社会百态。

在这个部队中待了半年后，沈从文被提升为司书，在秘书处做一些文案工作。一天，他遇到一位刚从日本留学回来的秘书官。这位秘书官知识非常渊博，短短几天他俩就熟识了。秘书官推荐给沈从文一本宝书，笑着说："你问我任何一样稀奇古怪的东西，我都可以给你立刻找出来。"沈从文吃了一惊，不敢相信，于是就随口说了"诸葛孔明卧龙"。结果，秘书官低下头去，没一会儿就把答案翻出来了，这让沈从文无比佩服。

而这本令他爱不释手的宝书，正是《辞源》。沈从文的一大爱好就是从这书里去找乐趣。当回忆起这段自学的时光时，他感慨地说："氢气是什么？《淮南子》是什么？参议院是什么？就多半是从那本书上知道的。"

虽然是个乡下人，但凭借着刻苦自学，沈从文已从当地乡绅那里学会了刻图章、写草字，还懂一些诗词格律。

1921年，沈从文开始在统领官（清末的陆军长官）陈渠珍身边做书记，主要做一些藏书管理工作，有时做做会议纪要。这份工作实在是他生活的转机，因为在这里，他有大把时间来阅览浩瀚的历史古籍。这为他日后的学术研究与文学创作打下了深厚的基础。

统领官有一个私人图书馆，里面有四五个大楠木橱柜。大橱里约有百来轴自宋至明清的旧画，以及几十件铜器及古瓷，还有十来箱书籍，一大批碑帖。没多久，又来了一部《四部丛刊》。统领官需要找书或者想要抄下一些段落的时候，就把沈从文召唤来，让他去做。这样一来，他得非常清楚每一本书怎样排列摆放，又得知道每一幅画所处的时代和画家当时的地位，沈从文就这样成了私人图书馆馆长。也是这个时期，他把《西清古鉴》《薛氏钟鼎彝器款识》《四库提要》这些古籍找来不断地翻看，不断比较学习，积累了广泛的知识。

从那以后，沈从文就给自己改名为“从文”，他希望自己能做一个真正的读书人。

『窄而霉小斋的一次会面』

日子一晃，沈从文已经二十岁了。

他意识到，乡下毕竟是乡下，城里的世界一定有无数的新知识：“我要马上离开这里，离开这乡下。世界这么大，我要去全中国最好的地方——北京！”

1922年夏天，沈从文一个人提了行李坐船换车，一路风尘仆仆，终于来到了他梦寐以求的北京。

他从车上走下来，按捺不住内心的激动："啊！这就是我向往的北京，北京真大！"可话音刚落，他的眉头却开始紧锁起来。他低下头，看了看手里的几块钱，肚子"咕噜噜"叫，车水马龙的大街上竟然找不到一处安身的地方……

后来，幸亏有表弟黄村生的帮助，沈从文才算是勉强扎根下来。黄村生是北京农业大学的学生，他找到了一家名叫酉西会馆的小公寓。因为有些来往，所以会馆给免了房钱。伙食则包给外面的小饭馆，一菜一汤，一个月凑合着给六块钱。碰到开不了饭的时候，沈从文就硬着头皮饿上一两顿；生炉子的煤球眼看着用完了，他就跑去隔壁学校图书馆里蹭暖气。

虽然条件极其艰苦，但这样一来，至少有了可以落脚的地方，还有饭吃。沈从文笑着安慰自己说："挺好的，要好好活下去，就得看得开一点嘛！"于是，他就给这落魄的小公寓取了个名字，叫作"窄而霉小斋"。

窄而霉小斋有个最大的优点，就是离北京大学很近。沈从文砸锅卖铁跑到北京，就是为了能考上北京大学；可退一万步想，如果真的考不上，那么多看点书也是好的。

现实很残酷，沈从文确实没考上北大。当时，北大允许学生来旁听，有很多租住在附近的穷学生每天都啃着白面馒头来蹭课。沈从文就和他们一起，早出晚归，过上了旁听学习的生活。

时间一久，问题就来了，没有收入，怎么才能继续求学呢？

山穷水尽之下，沈从文就动笔写信，希望能得到当时北京一些有名作家的援助。他省下饭钱买了邮票，信一封一封寄出去，可是都石沉大海。这让沈从文备受打击。

终于有一天，有人给他“回信”了。

“咚咚咚——”门外有人敲门。

“请问，你找谁？”沈从文抬头看到一个人影出现在门框处。

“沈从文先生住这儿吗？”

“没错，我就是。”沈从文从书桌前站起来，感到很意外。

“原来你就是沈从文，我是你寄信的收件人郁达夫。”

这个眉毛上挂着雪粒子的文人，正是大作家郁达夫！沈从文看见景仰的作家来找自己，心中顿时生出暖意，激动地请郁达夫坐下。

“你吃饭了吗？”郁达夫问道。

沈从文摇了摇头。郁达夫从信里对沈从文的近况已有了解,心想一定是连饭都吃不上了。于是,他就邀请沈从文一起去附近的小饭馆吃了一顿饭。

他们边吃饭边聊天,郁达夫看着面前这个心怀赤诚理想的青年人,竟然生活困窘到这般地步——没有钱来生火,屋子里仿佛是一个冰窖,什么家具都没有,连一件过冬的厚棉衣也没有。当时的郁达夫在北京大学担任讲师,每月的教书钱加起来有一百多块,但拿到手的却不多,日子同样过得很紧张。郁达夫看着眼前这个吃着饭的青年人,眼眶湿润了一遍又一遍。

"这围巾你戴着,暂且可以暖和些。"郁达夫把脖子里的围巾摘下来,给沈从文围上。

"这剩下的钱,你留着。你多写文章,会有机会发表的。"郁达夫拿出五块钱把饭钱结了,把剩下的三块两毛七分钱递到沈从文手里。

由于下午有课,郁达夫不能久留,两人就此告别。回去的路上,郁达夫心中久久不能平静。他实在不忍看到天底下的读书人活得那样卑微。当天晚上,郁达夫就写下了一篇《给一个文学青年的公开状》,发表在《晨报副刊》上,那天是1924年

11月13日。

一个月后，沈从文人生中的第一篇散文登报发表了。《晨报副刊》上署名休芸芸的散文《一封未曾付邮的信》正是沈从文的作品。自此开始，沈从文陆陆续续为《晨报副刊》写稿，还拿到了一些稿费，交往的文人圈子也从此打开。

『教写作的"藏书家"』

从那以后，沈从文虽然大量发表和出版小说，但是稿酬和版税仍然很低，有时候甚至还会遇到赊账拖欠的情况，这让他感到心力交瘁。

1929年，在好友徐志摩的介绍下，沈从文被推荐到吴淞的中国公学任教，这是他人生中第一次登上讲台。他最初开设的两门课，分别是新文学研究课和小说写作课。虽然每周的课时不多，但沈从文需要花费很大的精力去备课，还要亲自编写讲义《新文学研究》。为了一门课，他甚至把整个中国的新文学历程全部梳理了一遍，追根溯源，毫不含糊。

写作课要怎么上呢？不如自己动笔带着学生一起写吧！沈从文真的就把小说一篇一篇写出来示范给学生，指导学生如何写作，然后告诉他们说："这说明不必要故事，不必用对白，不必有首尾和什么高潮，还是可完成一个短篇。"等大家纷纷把作业交上去后，沈从文还会细心地写上很长的评语，有时比学生的原文还要长。学生们可喜欢看沈老师的文章了，他这样手把手地现写现教，赢得了学生的爱戴。

1938年11月，沈从文带着家人一起来到昆明，就任国立西南联合大学的中文系教授。在昆明教书的日子里，沈从文一面因为时局的动荡而感到惋惜、愤恨，一面又坚持写作，还不时地鼓励年轻人勤奋读书。

沈先生的讲课是非常谦抑，非常自制的。他不用手势，没有任何舞台道白式的腔调，没有一点哗众取宠的江湖气。他讲得很诚恳，甚至很天真。但是你要是真正听"懂"了他的话——听"懂"了他的话里并未发挥罄尽的余意，你是会受益匪浅，而且会终生受用的。

这是他的学生汪曾祺回忆沈从文的讲课情景，可见沈从文是个底蕴深厚却朴实无华的老师。

写作课是同学们喜欢的一门课。但凡写得好的学生习作，沈从文就自掏腰包把它们寄到报刊上发表。这对学生来说，是莫大的鼓励！当时昆明的物价很高，买什么都很贵，邮票也是，但是沈从文从来不计较。为了防止稿件超重，节约邮费，他把稿纸的四边一点点裁去，只剩下最核心的部分。尽管如此，沈从文这辈子为学生寄稿子的邮费也花去了很大一笔钱。

沈从文有很多书，一本一本堆摞起来，就像一个小型图书馆。他的阅读范围很广，有社会学的、人类学的、宗教学的、哲学的，无一不涉猎。学生们很喜欢在没课的时候跑去他的宿舍里借书看书。汪曾祺说，联大文学院的学生，多数手里都有一两本他的书。书的扉页上用淡墨签了“上官碧”的名字，这是沈从文的笔名。

文林街二十号的那间宿舍，俨然成了学生们钟爱的藏书馆，这里从早到晚都有来找学问的人。他们喜欢和沈从文谈文学，也喜欢听先生讲好听的故事，联大艰苦的岁月仿佛在这样的画面中宁静了下来。

聊聊梦想

我觉得沈从文的梦想是____________________

为了实现梦想，沈从文做了什么？

____

我的梦想是__________________________

为了实现梦想，我已经做了什么？

____

我还要做什么？

____

小链接：从作家到文物学者

作家沈从文的前半生都在追求文学梦，但后半生只专心做一件事——文物研究。新中国成立后，沈从文进入国立历史博物馆工作，同时还在北大博物馆专修科教陶瓷。

有一次，周恩来总理在陪同外宾看戏时，发现戏曲服装很乱，而国外早有自己国家的服装博物馆。如果中国也能有这方面的研究成果，将是多么有历史意义的事。于是，这项重要的任务就落到了沈从文肩上。

古代服饰研究需要了解、掌握各种各样的面料知识，才能识别面料的区别，辨别织法和肌理……种种问题，沈从文都要一个一个去学习掌握。

为了将研究成果写成书，尽快出版，沈从文每天早起坐在桌前要写6000多字。为了加快速度，他有时用自来水钢笔替代毛笔。因为钢笔的字迹很细，时间久了，眼睛变得非常吃力，但他依然毫不懈怠。

1981年9月，沈从文终于完成周恩来总理的嘱托，《中国古代服饰研究》正式出版。

汪曾祺：

故乡的滋味和情味

爱，是一件非专业的事情，是花木那样的生长，有一份对光阴和季节的钟情和执着。一定要，爱着点什么。它让我们变得坚韧，宽容，充盈。

——汪曾祺

人物档案

汪曾祺(1920~1997),中国当代著名作家、戏剧家,生于江苏高邮县城一户家境殷实的人家,家中世代都是眼科医生。汪曾祺上小学时,国文成绩就一直是全班第一,作文常常是满分,文学天赋初露端倪。

汪曾祺小学、初中都是在高邮县城里读的,高中考上了名校江阴南菁中学。后来江阴在抗日战争中沦陷。为了完成学业,他辗转多地求学,并随身携带两本文学书,屠格涅夫的《猎人笔记》和沈从文的小说选集。1939年,汪曾祺第一志愿考入西南联大中文系。其间,在老师沈从文的支持下,不断发表诗歌、小说。离开西南联大后，他做过中学老师，也在北京历史博物馆（今中国国家博物馆）、《北京文艺》编辑部、北京京剧团等处工作过。晚年，他创作更趋活跃，在《北京文学》上连载小说《受戒》《大淖记事》，大受欢迎。

汪曾祺的文风亲切朴实、隽永典雅，富有人情味。他的散文《端午的鸭蛋》被选入部编初中语文教材，深受师生喜爱。

小朋友们，你们读了《昆虫备忘录》，是不是被里面有复眼的蜻蜓、“花大姐”瓢虫、力气很大的独角仙和尖头绿蚂蚱深深吸引了呢？原来在它们的身上，隐藏了这么多的秘密，真是有趣极了！

其实，这些昆虫如此充满趣味，都有赖于作者汪曾祺语言的魅力。汪老先生的文字仿佛有一种魔力，能把日常生活里平淡的事物写得不平淡，读起来令人回味无穷。汪老写吃食也是一绝，他曾经把在昆明读书时吃过的各种菜写了个遍，文字里飘满了香喷喷的烟火气。

『文字里的烟火气』

江苏的高邮和全国所有的县城并无二致，但只要人们谈到高邮，很自然地就会联想到这里的一大特产——高邮咸鸭蛋。

咸鸭蛋并不稀奇，哪里都有，然而高邮的咸鸭蛋却别有风味。不仅仅因为口味佳，更重要的是有了作家汪曾祺的推介。我们来看看汪老先生怎样描写故乡的食物：

高邮咸蛋的特点是质细而油多，蛋白柔嫩，不似别处的发干、发粉，入口如嚼石灰。油多尤为别处所不及。鸭蛋的吃法，如袁子才所说，带壳切开是一种，那是席间待客的办法。平常食用，一般都是敲破“空头”用筷子挖着吃。筷子头一扎下去，“吱——”红油就冒出来了。高邮咸蛋的黄是通红的。苏北有一道名菜，叫作“朱砂豆腐”，就是用高邮鸭蛋黄炒的豆腐。我在北京吃的咸鸭蛋，蛋黄是浅黄色的，这叫什么咸鸭蛋呢！

倘若你吃过这高邮的咸鸭蛋，对文字里的滋味一定十分认可，甚至会连连称赞：“对，对！就是这个味儿！”好像从看不见摸不着的字里行间，就能尝出其中的滋味。尤其是拿起筷子准备扎下去的动作，以及发出的声音“吱——”，熟悉极了，仿佛眼前就渐渐流出红油来。难怪汪曾祺会自豪地说：“曾经沧海难为水，他乡咸鸭蛋，我实在瞧不上。”

不过，这话里头有一半带着作家深深的偏见，为什么这样说呢？

月是故乡明。无论身处何地，家乡的食物滋养了每一个少年人的胃。胃里装满的不仅仅是食物本身的味道，更多的是来自童年难忘的回忆。

许多回忆与食物交织在一起，仿佛刻成了时间的光盘，随身携带，随时播放。而当我们远走他乡后，那份独特的记忆就显得更加珍贵了。

汪曾祺中学以后就离开故乡，辗转到了昆明，在那里读书、工作，一住就是七年。但是故乡的食物永远是他心灵深处的牵挂。无论身处何地，他都想念家乡的所有事、所有物。

一次，汪曾祺去他的老师沈从文先生家里拜年。那时的他，离开家乡高邮已经有三四十年了，吃遍了天南地北的美食，俨然已经成了美食家。晚上，沈从文的妻子张兆和留汪曾祺在家里吃饭。当时的条件艰苦，没有什么大鱼大肉来招待，张兆和就简单炒了一盘慈姑肉片。沈从文是湖南凤凰人，没吃过慈姑，更不认识。他夹起两片往嘴里送，边吃边夸赞："这个好！格比土豆高。"

"格"的意思现在看来就是格调，看是不是足够讲究。土豆实在太普通了，家家户户都能种，见得多，自然就平淡无奇了；反而是这慈姑，难得一见，评价就高。

汪曾祺听了心里很高兴，笑着说："这慈姑在北方是少见的，倒是我们高邮，遍地都是。我十一二岁那年，家乡闹大水，家里什么都没有，只靠这慈姑填肚子。天天吃，天天吃，就只觉得难吃，可不想三四十年没再吃到这东西了！”说完，他夹了一片慈姑，回忆顿时涌上心头。

在北京时，只要逛进菜场看到有卖慈姑的，汪曾祺都会买一些回来炒肉片，或者别的什么做法。家里人不爱吃，他就一股脑儿全部吃光，吃得还很高兴。

汪曾祺在昆明时条件比较艰苦，可他却把生活过成了诗。

广东盐焗鸡、四川怪味鸡、常熟叫花鸡、山东炸八块、湖南东安鸡、德州扒鸡……全国各地这么多特色鸡，可是汪曾祺独爱“第二故乡”昆明的汽锅鸡。热滚滚的油往上一淋，蘸了花椒盐吃，真是人生一大快事。

他又说，一辈子都没吃过比昆明牛肉更好的牛肉。将牛肉切薄片整齐码好，蘸甜酱油吃，下口酥软酥软的。昆明的雪花蛋也被他写进了文章里：用鸡蛋清、温热的猪油在小火上搅拌，油蛋交融，嫩如鱼脑，洁白而有光亮。

他笔下的“甬道街鸡坳”是这样的：

> 甬道街鸡坳，鸡坳之名甚怪。为什么叫“鸡坳”，到现在还没有人解释得清楚。这是一种菌子，它生长的地方也

怪，长在田野间的白蚁窝上。为什么专在白蚁窝上生长，到现在也还没有人能解释清楚。鸡纵的菌盖不大，而下面的菌把甚长而粗。一般菌子中吃的部分多在菌盖，而鸡枞好吃的地方正在菌把。鸡纵可称菌中之王。鸡纵菌的味道无法比方。不得已，可以说这是"植物鸡"。味似鸡，而细嫩过之，入口无渣，甚滑，且有一股清香。如果用一个字形容鸡纵的口感，可以说是：腴。

简单的一种菌子在汪曾祺的笔下忽然多了几分香气，这大概就是他的文字功力。这种功力能够将食物与情感联系在一起，烘托出美好的氛围。

这些带着美好记忆的食物一一被写进汪曾祺的文集里，汇成一部《食豆饮水斋闲笔》，融进了作家对故乡、对昆明深厚的感情。上文提到的慈姑，出自《咸菜慈姑汤》，喜欢的小朋友可以找来看一看。

『"泡"出来的小说家』

作家沈从文与汪曾祺的师生情谊一直保持了几十年，他们最初相识是在西南联大的中文系。沈从文是老师，汪曾祺是学生。沈从文在西南联大开过三门课：各体文写作、创作实习和中国小说史。汪曾祺因为喜欢沈从文，一口气把三门课都修了，受益匪浅。他的写作能够成功，一半的功劳应归于他的老师沈从文。

至于另一半的功劳归谁呢？当数茶馆。

茶馆里也能培养出大作家吗？没错，汪曾祺的创作就是从茶馆开始的。

从西南联大新校舍出来，有两条极有风味的小街，它们是凤翥街和文林街。短短两条街，茶馆却足有十多家，里面从早到晚坐满了联大的学生。西南联大的学生泡茶馆，是当时十分时髦的一种文化。

没有咖啡馆的小资情调，也没有茶餐厅的高档装修，当时的茶馆极其简陋，破旧的墙顶下摆上三四张桌子，茶具也是极其粗糙，但学生们不挑剔，反正也没有别的地方可去。

新校舍虽然是落成了，条件却相当艰苦。寝室里八人一间挤着，没有电灯，只悬吊着一盏脏腻腻的油灯。灯光忽明忽暗，哪能好好看书呀。好多同学没多久就戴上了厚厚的镜片，但这油灯却是大家最珍惜的宝贝。寝室里没有桌椅，要看书自习只能想着办法去图书馆占座。图书馆的座位很少，而偌大一个图书馆的油灯也只有孤零零的几盏而已。天还没亮，图书馆外面就聚满了黑压压一片准备往里面冲的学生。汪曾祺挤不过他们，只好和室友们一同去茶馆自修。

泡茶馆，重在“泡”这个字。意思是像泡菜一样浸在坛子里，时间得长，氛围得浓。喝茶当然不是目的，而在于长时间地坐在里面“发酵”，让思想“开花结果”。汪曾祺回忆说，有一个姓陆的怪人，骑着自行车穿越大半个中国且不说，还把刷牙洗脸的用具全都寄放在一家茶馆里。早上起床后到茶馆里洗漱一通，然后叫上一壶茶，就着烧饼开始津津有味地看书。直到深夜，茶喝干了，人也走光了，他才捧了书往宿舍走。虽然汪曾祺写的是别人，但自己的情况也八九不离十，他最初的几篇小说就是在茶馆里“泡”出来的。有一年的“哲学概论”期末考试，汪曾祺直接领了试卷跑到茶馆里做题，等题做完了再交上去。

泡茶馆文化对西南联大的学生有什么影响呢？

汪曾祺亲自回答了三点。

第一，可以养成一身浩然正气。你想啊，一个年纪轻轻的学生，能够在这样混杂了各色人等的茶馆里静下心来看书，自然就有一种出淤泥而不染的清高，能够远离庸俗而保持通达的乐观态度。

第二，时势造英雄，茶馆出人才。西南联大的学生去茶馆不为喝茶，而是为了读书；他们不是在茶馆里打牌、聊天、玩游戏，而是在讨论时事、钻研创作，很多学生的论文、读书报告都是在茶馆里写成的。

第三，茶馆里汇聚了生活百态，更是小说素材遍布的场所。对于学生来说，他们的校园生活比较单调，接触的同学也比较单纯，创作的素材就比较单一。茶馆就截然不同了。在这里，各色人等穿着各异，行为举止千差万别。小小的茶馆，正是大社会的缩影。现代作家老舍的话剧《茶馆》就通过展示茶馆里那些形形色色的人物来反映当时的社会面貌。

在西南联大的日子虽然很苦，但汪曾祺乐在其中。

从1939年秋到1942年夏，汪曾祺埋头于图书馆写他的文论《短篇小说的本质》。他在图书馆里大量阅读外国作家的作品，有时候看一夜，直到第二天凌晨才回宿舍。他把契诃夫、纪德、伍尔夫、波德莱尔等外国作家的翻译作品一本又一本地借来阅读，读出里面的关键点，并且写出了一系列作品。

写作读书之余，他还在联大老师陶重华等先生的建议下，

绝妙的故事
人才
浩然正气

成立了一个昆曲社，并且自己学起了昆曲。《游园惊梦》这样经典的曲目也慢慢学会了。他还喜欢上了吹笛、唱京剧、演话剧，常常是在大半夜突然起了兴致，就一个人跑到大槐树下，吹一会儿笛。闲暇时，他喜欢逛书店，靠在柜台边看书，一看就是两三个小时。茶叶店、裱画店也是他爱逛的。赏赏笔墨方正的书法，看看壁上挂着的小对联，都让他很享受。汪曾祺回忆说："看卖木柴的，卖木炭的，卖粗瓷碗、砂锅的，并且常常为一点细节感动不已。"总之，联大的读书生活让汪曾祺的人生充满了张力。

『有滋有味的生活』

汪曾祺的日常生活里尽是温暖的烟火气。他常常会拎着菜篮子逛一逛菜市场，多走几个摊位精挑细拣那新鲜的时令菜。喜欢做菜，则是汪曾祺除了写作之外的另一大爱好。

他不仅喜欢做菜，还很会识人做菜。一次，台湾作家陈怡真到北京，想着汪曾祺有一手做菜的好本事，就约了日子上门吃饭。汪曾祺知道台湾没有杨花萝卜只有白萝卜，就专门给她炒了一个干烧小萝卜。他又想着云南的干巴菌是台湾人不大见得到的，于是再炒了一盘干巴菌。

“怎么样？这两个小菜还过得去吗？”汪曾祺笑着问道。

“这哪是‘小菜’，明明是大饭店里的招牌菜呀！我在台湾可从来吃不到这样好吃的菜！”没想到，陈怡真不仅几乎吃光了两大盘菜，剩下一点还用塑料袋包起来，说要带回宾馆去吃。汪老做的菜如此受欢迎，是因为他能看人下菜，把食客的喜好和心理摸透了。这也是作家善于观察的本事。

做菜和写作一样，都要敢于想象。汪曾祺就很会发明新菜品，比如有一道叫作“塞肉回锅油条”。做法如下：油条切段，寸半许长，肉馅剁至成泥，入细葱花、少量榨菜或酱瓜末拌匀，塞入油条段中，入半开油锅重炸。汪曾祺描述这道菜说：“嚼之酥碎，真可声动十里人。”

除了做菜，书法、画画是汪曾祺写作之余的另外两大爱好。

从小学到初中，汪曾祺都以绘画好而出名。初二的时候，他的一幅中国画墨荷就被挂在学校展览室的墙上。一次，他把自己画的牡丹送给作家宗璞，在一旁题了一首诗。诗是这样的：“人间存一角，聊放侧枝花。欣然亦自得，不共赤城霞。”后来，宗璞把这首诗念给她的父亲哲学家冯友兰听。冯老先生就夸道："诗中有人。"汪曾祺听了以后备受鼓励，也越来越喜欢绘画。

年轻时，汪曾祺还爱唱戏。最初唱的是梅派青衣，后来改唱余派老生，然而这唱戏同样只是雅趣。汪曾祺说，一个人不能从早到晚都是写作，那样就变成了一台写作机器，总需要找到一些爱好来调节。也正因为有了这些小小的爱好，才使汪曾祺的作品有滋有味，充满了浓浓的烟火气。

他在散文《无事此静坐》里写道：

大概有十多年了，我养成了静坐的习惯。我家有一对旧沙发，有几十年了。我每天早上泡一杯茶，点一支烟，坐在沙发里，坐一个多小时。虽是端然独坐，然而浮想联翩。一些故人往事，一些声音、一些颜色、一些语言、一些细节，会逐渐在我的眼前清晰起来、生动起来。这样连续坐几个早晨，想得成熟了，就能落笔写出一点东西。我的一些小说散文，常得之于清晨静坐之中。

……

我是个比较恬淡平和的人，但有时也不免浮躁，最近就有点如我家乡话所说"心里长草"。我希望政通人和，使大家能安安静静坐下来，想一点儿事，读一点儿书，写一点儿文章。

用静坐来平和内心，在清晨的雾气还未散尽时，独自品味生活的过往。当心灵渐渐变得通透时，当周遭的所有喧闹都沉淀下来时，一个纯粹的美好世界就会展陈在你的眼前。汪曾祺的这番“恬淡平和”的静坐之道，也许为我们打开了认识他的另一扇门。

聊聊梦想

我觉得汪曾祺的梦想是＿＿＿＿＿＿＿＿＿＿＿＿＿＿＿＿

为了实现梦想，汪曾祺做了什么？

＿＿＿＿＿＿＿＿＿＿＿＿＿＿＿＿＿＿＿＿＿＿＿＿＿＿

我的梦想是＿＿＿＿＿＿＿＿＿＿＿＿＿＿＿＿＿＿＿＿＿

为了实现梦想，我已经做了什么？

＿＿＿＿＿＿＿＿＿＿＿＿＿＿＿＿＿＿＿＿＿＿＿＿＿＿

我还要做什么？

＿＿＿＿＿＿＿＿＿＿＿＿＿＿＿＿＿＿＿＿＿＿＿＿＿＿

小链接：西南联大是怎样一所特殊的学校？

西南联大全称国立西南联合大学，是抗日战争时期几所高校（北京大学、清华大学、南开大学）搬迁至云南昆明后成立的一所综合性大学，创办时间是1937年11月1日。抗日战争结束后，学校也就撤销解散了，前后一共持续了8年多。

学校培养出了许许多多著名的专家学者，如中国科学院院士、物理学家杨振宁和李政道，被誉为“整体微分几何之父”的数学家陈省身，“中国现代数学之父”华罗庚，林徽因的丈夫、建筑学家梁思成，被誉为“中国哲学界第一人”的哲学家金岳霖，国学大师陈寅恪，著有《中国哲学简史》的哲学家冯友兰，等等。

战争期间，学校经常遭遇空袭。警报常

常七点钟不到就拉响了，到天黑还没有解除，因此上课常常受影响。同学们有的躲进后山坟头，有的跑进马尾松林，还有的跑得更远，距离学校四五里的山沟沟也成为他们的天然防空洞。

日本人的轰炸并没有使西南联大的师生们屈服，他们在艰苦的条件下坚持学习。没有盐没关系，他们吃清水煮的萝卜白菜；没有白米饭也没关系，他们吃混杂了黑米、谷子、稗子、沙子、泥巴的“八宝饭”。风季一来，桌子上就盖上一层黄土；若是遇到雨季，屋漏墙倒也是常事。

尽管时局艰难，环境恶劣，但是同学们的学习热情并没有消减半分。在西南联大，自由民主的学术氛围和培养独立思考能力的育人理念，造就了一批批优秀的人才。

史铁生：

我选择放弃愤怒

太阳每时每刻都是夕阳，也都是旭日。当他熄灭着走下山去收尽苍凉残照之际，正是他在另一面燃烧着爬上山巅布散烈烈朝晖之时。

——史铁生

人物档案

史铁生(1951~2010),散文家,生于北京,曾就读于清华大学附属中学,毕业后于1969年去陕西延安插队。插队期间,他干过农活,养过牛,但常常犯腰疼病。后于1972年因腰疼病正式回北京友谊医院治病,病后双腿瘫痪,时年21岁。47岁时又被确诊患尿毒症,此后一直靠每周三次的透析维持生命。

瘫痪后,史铁生一边在街道生产组谋生,一边开始写作。1981年,他决定回家疗养,并走上了职业写作之路。1989年,他与陈希米结婚。

他最出名的作品有小说《我的遥远的清平湾》《命若琴弦》《务虚笔记》《老屋小记》，随笔散文《病隙碎笔》《扶轮问路》《我与地坛》也都是经典。其中《秋天的怀念》被编入部编初中语文教材。他的作品深受人们喜爱，曾获青年文学奖、上海文学奖、首届鲁迅文学奖、老舍散文奖、传媒文学杰出成就奖等十多种奖项。

2010年12月31日凌晨，史铁生因突发脑出血病逝。他曾留下遗嘱，不举行遗体告别仪式，并将器官捐献，用于医学研究。

史铁生的写作生涯其实是从他双腿瘫痪以后开始的。

1972年，21岁的史铁生因患腰疼病住进了北京的友谊医院。出院后，因为不能走路，他只好整天在屋里待着，看看书，看看窗外的风景，哪儿也不能去，哪儿也不想去。

不愿出去的另一个理由，是缺少一辆灵活便利、听他使唤的轮椅。可是去哪里能找到一辆符合心意的大家伙呢？

70年代的轮椅全凭想象，于是他父亲找到了邻居朱二哥。朱二哥是做设计的，答应给史铁生设计一辆手工版定制轮椅。等到图纸一出来，史铁生惊呆了。他第一次看到天底下还能有这么神奇的轮椅：可以用手替代双脚的变形“自行车”。

父亲看到手里的设计图纸，一颗悬着的心总算可以落下了。可是，他们遇到了另一个难题：谁能有办法照着样子做出来呢？愁容满面的父亲为这事花白了头发，他拿着设计图纸满北京城跑，下定决心要找到师傅把它做出来。

由于从来也没有见过这样的定制轮椅，工厂的师傅们都不敢轻易接活。最后好不容易找到了一家“黑白铁加工部”，师傅勉强答应先试试看。结果，还真的做出来了！

于是，第一辆专属于史铁生的轮椅就这样诞生了：两个自行车轮、两个万向轮以及几根废弃的铁窗框。母亲为了让儿子坐着舒服，专门缝制了软布坐垫和靠背，还找人在其两侧装上支架，撑起一面木板。这样一来，写字和吃饭都不成问题了。

第二辆轮椅是丑小鸭杂志社送的，不同于第一辆私人定制，这辆是工厂出品的正规手摇轮椅。全不锈钢金属十分牢固，还可以拆卸，两侧扶手下各有一个金色的“福”字，很有寓意。

有了这辆车，史铁生就再也不担心会让母亲劳累地推着自己到处走了。手摇轮椅让史铁生可以凭借自己的双手闯东西，就连美国也能去了。有一次，他还摇着这辆轮椅进了南海舰队的鱼雷快艇，这可真叫他惊喜！就连去瑞典斯德哥尔摩开会也不成问题。不过美中不足的一点，是这辆轮椅仍然需要手动或者由他人推着，一旦身体无力或是身边没有人在，依旧去不了太远的地方。

随着年纪变大，史铁生渐渐摇不动轮椅了。一次，妻子陈希米在王府井大街逛店，无意中瞥见了一辆精致的电动轮椅。生平第一次见到轮椅还能有电动的设计，这叫她惊喜万分。陈希米心想：电动轮椅，这不就是我们日盼夜想的吗？怎么也得想办法买回来。她拉着店员恳切地询问这轮椅的价格。一听，多少？三万五！都快赶上一辆小汽车的价钱了！可是陈希米怎么会放弃呢？她辗转联系到了这个牌子的代理商，一次不行两次，多少也要便宜点啊！“行行，二万六！你的诚意呀，老天都得打动！”这下子，陈希米的脸上终于露出了笑容。

后来史铁生回忆说，唯独这辆车才真正给了他自由。有多自由？居家可以乱窜，出门可以独自疯跑，跳舞也行，打球也行，给条坡道就能上山。于是，他还真的坐着这辆车去了昆明湖畔的万寿山，真了不得！

他说：“坐在山上，眺望地坛的方向，想那园子里‘有过我的车辙的地方也都有过母亲的脚印’；想那些个‘又是雾罩的清晨，又是骄阳高悬的白昼……’；想那些个‘在老柏树旁停下，在草地上在颓墙边停下，又是处处虫鸣的午后，又是鸟儿归巢的傍晚……’；想我曾经的那些个想：‘我用纸笔在报刊上碰撞开的一条路，并不就是母亲盼望我找到的那条路……母亲盼望我找到的那条路到底是什么？’”

这三辆轮椅，摇遍了祖国的山川大地，摇出了史铁生大半生的生命记忆，也摇出了他意蕴深厚的文学作品。

『寂寞清苦的插队生活』

1969年，史铁生从清华大学附属中学毕业两年后，开始了在陕北延安的插队生活。

最初,史铁生每天和大伙儿一起干农活,有说有笑的,穷乡僻壤丝毫没有影响到他青春洋溢的样子。春天要播种要施肥,由于都是梯田,干农活都得靠两条腿爬山,“一担粪六七十斤,一早上就得送四五趟;挣两个工分,合六分钱。在北京,才够买两根冰棍儿的”。日子看着苦哈哈,可听着老黄牛的“哞哞哞”,伴着夕阳落下,田间乡道一派朴实丰饶的气息。史铁生和同伴们都很享受这样的快乐,从来没有怨言。

只是好景不长,没过多久,史铁生就感到身体出了状况,常常犯起腰疼病来。不过谁也没多想,都以为顶多是个腰肌劳损之类的问题,再加上那里的医疗条件有限,大多时候都是忍着。

“铁生,你这腰到底是咋回事?这样坐也不适,站也不行,可别干农活了,让生产队给安排个别的活吧!”同伴看着用手撑腰的史铁生,心里实在不是滋味。

“没准儿就是劳损,不要紧的,能多大点事儿。”史铁生憨笑着说。

后来,生产队队长眼见史铁生老犯腰疼病,也开始担心起来,便让史铁生跟着白老汉一道去喂牛,不再干那些吃力的农活了。

喂牛？这还不简单！可史铁生从来没这样想过。牛在当时身价可高了，磨豆腐、出麻油、打窑洞……哪一样缺得了这宝贝？所以史铁生也着实清楚，干不了农活，总要把这宝贝给养得好好的。

白老汉和史铁生一人各喂十头牛，在同一个饲养场里。养牛主要做好两件事，第一是喂饱，第二是放牛。给牛添草也大有讲究。牛的生物钟和我们人不一样，它吃得快，吃得勤，一次又不能喂太多，得少食多餐。这样一来，显得有些娇贵。

这些牛半夜也不省心，因为每天半夜需要爬起来很多次添草，所以史铁生的睡眠很不规律，睡不了一个安稳觉。冬天，从热被窝里爬起来的滋味别提多难受了。总之，这喂牛的工作并没有减轻他多少困难，而且一干就是两年。

但是史铁生很能吃苦耐劳，也能从苦日子中品尝出甜味来。在他的《我的遥远的清平湾》里，他说："在山里，有那些牛做伴，即便剩我一个人，也并不寂寞。我半天半天地看着那些牛，它们的一举一动都意味着什么，我全懂。""秋天，在山里拦牛简直是一种享受。庄稼都收完了，地里光秃秃的，山洼、沟掌里的荒草却长得茂盛。把牛往沟里一轰，可以躺在沟门上睡觉；或是把牛赶上山，在下山的路口坐下看书。秋山的色彩也不再那么单调：半崖上小灌木的叶子红了，杜梨树的叶子黄了，酸枣棵子缀满了珊瑚珠似的小酸枣……”

就这样，直到身体的病一点点无法遏制地爆发出来，史铁生仍是乐憨乐憨地在这片黄土地上奉献着自己最美好的青春。

『下一个病房会是怎样的盲盒』

医院里的每一个病房就像装满了不同内容的盲盒，有的是惊喜，有的是苦涩，而病人往往是最后一个知道里面内容的。

北京友谊医院的神经内科病房一共有十二间，要说史铁生换过的病房，一双手刚刚好够数。

初来时，史铁生被安排在十号病房的六号床位。有记忆以来第一次住院，史铁生心里一点数都没有，总以为没准儿过三个月，自己就能出院。既来之，则安之。所幸身边有书，有书读的日子，总不至于太难熬。

于是，这三个月就顺利度过了。

不料三个月后不仅没能出院，反而要换病房了。这让史铁生有些不安起来。七号病房里只有两个床铺，和史铁生一起进来的是位局长。他患了角回综合征，也就是命名性失语，记不住名词，也说不出来。史铁生没觉得好笑，只是总为自己的双腿犯愁。护士长很喜欢史铁生，夸他喜欢读书很好，只是最后总不免叹气："唉，这孩子啊……"他只能默默地乞求，或许在并不坚强的脊柱附近长了一个良性的瘤子，长在一些并不致命的地方，但愿只是这样就好了。

偏偏命运要跟史铁生开一个巨大的玩笑。

后来史铁生不断更换病房。其间，他遇到了不同的病友。有6岁的孩子，也有准备结婚的恋人。每个人的遭遇看似不同，却又有着惊人的共性——他们都被上天赠予了一个并不幸福的盲盒，还需要亲手将它打开，承受这一切。很多人都被苦难击垮了，但史铁生没有。

进入六号病房的时候，他遇到了一位新手护士，名叫柏晓利。新手护士需要给病人打针和静脉注射，因经验不足，显得紧张。史铁生总是用幽默的话来让她放松。一次，柏晓利推着注射车走了进来，史铁生见护士有些拘谨，连忙笑着说："甭怕，你就放心地扎，我没有感觉的，就当一块猪肉随便练习就行。"柏护士听了，悬着的心也就落了下来。

甭怕，你就放心地扎，
我没有感觉的，
就当一块猪肉随便练习就行。

在友谊医院的这段治疗时光，读书和乐观的心态是让史铁生能够坚持下去的两大法宝，也让史铁生结交了柏晓利这样的朋友。

『另一种活法：放弃愤怒』

由于史铁生的治疗费用全都是自费，这让家里的经济状况变得十分窘迫。但即便如此，史铁生仍然坚决不肯接受朋友的一切物质帮助。1974年8月，史铁生为了减轻家里负担，想要谋求一份工作，可他四处碰壁，谁也不敢用他。最后，他进了街道生产组，这一干就是七年。

说是生产组，其实就是几间破败的老屋。在里面工作的人都是和史铁生命运相近的残疾青年以及附近的一些老年人。他们有着各自不愿多说的遭遇，因此在这里上班的氛围多少有些压抑。

不过，史铁生仍然能够和大伙儿好好相处。他们在这老屋里做的是相对文雅的工作，就是在仿古的家具上描绘各式各样的花纹图案、人物故事、亭台楼阁，再把这些家具包装一番，然后送去出口。

“我们从早到晚坐在那面庙墙下，眼观六路耳听八方，不用看表也不用看太阳便知此刻何时。一辆串街的杂货车，‘油盐酱醋花椒大料洗衣粉’一路喊过来，是上午九点。收废品的三轮车来时，大约十点。磨剪子磨刀的老头总是星期三到，瞄准生产组旁边的一家小饭馆，‘磨剪子来嘿——戗菜刀——’声音十分洪亮。”铁生回忆起这个情景，笑容也是暖暖的。铜墙铁壁似的灰冷冷的画面，在史铁生的眼睛里好像一下子也有了活气，市井生活的气息全都出来了。

如果每天都是如此充满了明亮的希望，忘掉烦恼也许不是没有可能，可惜往往事与愿违。残疾人，坐着轮椅的残疾人，偏偏遭到周围人异样的目光。

一天下班的路上，史铁生照常摇着轮椅往家里去。不想半路遇到几个骑自行车的小混混。那些人无聊得很，看着史铁生独自一个人，就围拢上去把他困住。带头的小混混开始用难以入耳的脏话辱骂他，欺负史铁生站不起来。

史铁生根本不屑理睬他们，他想方设法用力摇着轮椅出去。那些人却越发来劲了，他们看史铁生没有能力还击，又开始骑着自行车绕着他的轮椅转，一边还打他。带头的小混混趁机夺走了史铁生的帽子，然后得意扬扬地走了。

这天回到家里,史铁生一言不发,陷入苦闷的境地。

可以想象,弱者遭受的不公正待遇,对于很多人来说,很可能将所有积攒的勇气全都击垮。换作其他人,也许早已失掉了好好活下去的力量,然而史铁生不是,他懂得必须以更加理性的方式来看待这样不平等的遭遇,并且必须找到最合理的办法去面对,那就是——放弃愤怒!

史铁生有一次在面对记者采访时说:“我曾经就是这样,把自己和别人都弄到怪圈里去了。幸运的是我看见了这个怪圈,发现打破它的办法首先是放弃愤怒。从愤怒到放弃愤怒,不等于不会愤怒,不等于麻木,尤其不等于沾沾自喜于做一道伪劣的风景。”

在平等这件事上,史铁生也有自己深刻的看法。他说:“平等这件事,跟爱情差不多。平等很可爱,是你朝思暮想的情人,比如这么说。但是,不是你爱上谁,谁就也得爱你。不是你渴望平等,人家就一定把你平等相看。为此你拍案而起,得,人家没准儿更躲你远点儿,怕不留神‘欺负’了你。人家跟你说话总得加着小心,那样你准保又要愤怒——难道跟残疾人说话就总得这么小心翼翼吗?你又要喊——残疾,给了我们什么特权!就这样,你越愤怒人家越把你另眼相看,越给你

'特权',然后你更加地愤怒,结果弄成了个怪圈。一圈一圈地转下来,你离平等越远了。"

史铁生的这份宽容与坦诚,既是他自己万般遭遇后的释怀,也是其对人生哲理的另一种维度的解读。在那么多文学家里,史铁生是最坚强、最有毅力的人之一。

我们再看看现在的自己,又有什么理由整天不高兴呢?

聊聊梦想

我觉得史铁生的梦想是＿＿＿＿＿＿＿＿＿＿＿＿＿＿＿＿

为了实现梦想,史铁生做了什么?

＿＿＿＿＿＿＿＿＿＿＿＿＿＿＿＿＿＿＿＿＿＿＿＿＿＿

我的梦想是＿＿＿＿＿＿＿＿＿＿＿＿＿＿＿＿＿＿＿＿＿

为了实现梦想,我已经做了什么?

＿＿＿＿＿＿＿＿＿＿＿＿＿＿＿＿＿＿＿＿＿＿＿＿＿＿

我还要做什么?

＿＿＿＿＿＿＿＿＿＿＿＿＿＿＿＿＿＿＿＿＿＿＿＿＿＿

小链接:“插队”是什么?

我们常常会从爷爷奶奶口中听到这样一个词:插队。文中的史铁生也有过插队的经历。那么,“插队”究竟是指什么呢?

实际上,插队就是安插进农村生产队,是二十世纪五六十年代中国知识青年上山下乡的一种形式。这么做是为了让知识青年到农村去接受艰苦生活的历练。

和城市里比起来,那时候的农村条件艰苦得多。知识青年们每天需要跟着农民干农活,种水稻,种小麦、油菜。春天插秧时,他们双腿长时间泡在水田里,常常被水蛇袭击,有时候还有更凶狠的蚂蟥,要吸人血。农村最出名的“对手”还有跳蚤,城市里不大见得到，可是乡下比较常见，腰上、脚踝上、腿肚子上，哪里都是它们的“地盘”，让人挠得发肿。平日里，要光着脚丫在牛棚里清理牛粪，还得挑粪去施肥，不能怕脏。此外再养养鸡，放放鸭，喂喂猪，种种甘蔗和玉米。闲下来的时候编草鞋、做裁缝，总之把什么活儿都学会了才算能干。

国外篇

安徒生：

闯出来的童话世界

仅仅活着是不够的，还需要有阳光、自由，和一点花的芬芳。

——安徒生

人物档案

安徒生(1805~1875),著名童话作家,出生在丹麦欧登塞一个贫穷的鞋匠家庭。他从小热爱文学与戏剧,但没有受过良好的学校教育。14岁时,为了追求理想,他独自来到哥本哈根奋斗,凭借着顽强的毅力,在这个城市扎根下来。

在哥本哈根,他结识了重要的朋友——皇家剧院负责人柯林。柯林推荐他去教会学校读书。随后,安徒生考取了哥本哈根大学。其间,他源源不断创作剧本、小说、诗歌与童话。直到去世前,安徒生共创作了168篇童话故事,有充满着孩童气息的《皇帝的新装》《海的女儿》《拇指姑娘》,有侧重于写实的《卖火柴的小女孩》《影子》，还有描写底层人民悲惨生活的《沙丘的故事》等。

1867年12月6日，安徒生被推选为欧登塞荣誉市民，他赢得了欧登塞的至高荣耀。他的作品被翻译成世界各国的语言，并得到了全世界读者的喜爱。

在海的远处，水是蔚蓝色的，像最美丽的矢车菊花瓣，同时又那么清澈，像最明亮的玻璃。然而海水特别深，深得任何铁锚都不会沉到海底。从海底到达水面，要有无数教堂尖塔相互连起来才成。海底的人就住在海的深处……

这是世界著名童话《海的女儿》的开端。故事讲述了小人鱼公主爱上了一位王子，为了追求幸福，她忍痛用自己的声音换来了美丽的双腿。可王子并不知道曾经从海里救起他的人就是小人鱼，最终王子和人间的女子结了婚。当巫婆告诉小人鱼，只要她用刀刺进王子的心脏，她就可以变回原来的样子回到海里生活时，小人鱼却忍痛选择了放弃。于是，她化为了海里的泡沫。

就在小人鱼的故乡——丹麦的哥本哈根，那儿的港口有一块巨大的石头，上面静静坐着一个铜制成的美人鱼像。很多年过去了，美人鱼一直守候在蔚蓝的大海旁，听着浪花拍打岩石的涛声，像是在诉说着她还未说完的故事。

那么，是谁写出了如此凄美动人的童话故事呢？

他就是被誉为“世界儿童文学的太阳”的丹麦童话作家安

徒生。

安徒生一生都没有结婚，他把时间都倾注在了写童话故事上，小朋友们很喜欢的童话故事《卖火柴的小女孩》《丑小鸭》《皇帝的新装》《拇指姑娘》等，全都是他最有名的作品。在这些故事里，有令人怜惜的穷苦孩子，也有傲慢愚昧的贵族，有许许多多身份各异、结局不同的主人公。

你们想知道安徒生为什么能写出那么生动感人的童话吗？这还要从他童年时代所做的一个伟大的决定说起。

『我一定要攒够钱，一个人出门旅行去』

在丹麦一个叫作欧登塞的大城市里，住着一个平凡的小家庭。

父亲是一名替人修修补补的鞋匠，母亲比丈夫大几岁，她敦厚善良，靠给人洗衣服补贴家用。1805年4月2日，安徒生就出生在这个温暖朴实的小家庭里。

由于经济窘迫，小小的屋子里甚至找不出一件昂贵的家具，而且拥挤不堪。父亲每天忙碌的工作台和床铺紧紧挨着，床铺上挂满了毛巾。工作台的上方，勉强能塞下一个橱柜，父亲用它来收藏心爱的戏剧书籍和一些小说。一架梯子搭在屋里。沿着梯子走上屋顶,就可以看见母亲的小菜园。这儿一年四季种满了各种蔬菜,是她快乐的园地。

虽然日子过得很拮据,但是自从安徒生出生以后,父母总是尽心竭力地满足心爱的儿子全部的愿望。父亲在他自己小时候,遭遇了一场重大的家庭变故,他的母亲只好让他学做一名鞋匠。这并没有带给他一丁点儿的快乐,因为父亲从小渴望能够进入专业的学校学习拉丁文。于是,父亲把自己没能实现的愿望都寄托在安徒生的身上,并且努力创造所有可能的条件帮助他成长。

一天,父亲无意中读到一份报纸,上面写着德国战争的事。这一下子激起了他内心的汹涌之情。他立刻拿着报纸跑回家,刚进家门就一把抱住妻子,激动地说:“我要出征!拿破仑是我的英雄,我要追随他一起打仗!等打赢回家时,我就会成为陆军中尉了!”母亲一听完,就唰唰地流下了两道眼泪。她知道丈夫一直想要做出点什么贡献,可是安徒生还那么小!

父亲从战场回来后,不久就病故了。

父亲死后,母亲抚养儿子的负担就更重了。她整日整夜地出去给人洗衣服,留下安徒生一个人在家里玩耍。可是谁也没有想到，这就是他一生的转折。因为他有了更广阔、更自由的“创作”空间——可以捣鼓戏剧表演。

也许是遗传了父亲喜欢戏剧的爱好，安徒生也对戏剧相当着迷。他不仅喜欢读那些令人着迷的故事，还会想方设法编织剧情。终于，他从过去只能靠幻想成为舞台上的演员，到如今可以在家里实现做导演的梦想了。他用零头布料给心爱的玩具娃娃设计舞台表演的衣服，然后给舞台剧读剧本。这让安徒生感到高兴极了。

很快，安徒生写出了他人生中的第一个剧本，取名为《阿波尔与埃尔维拉》。但这个剧并不是童话，而是模仿当时流行的莎士比亚悲剧之类的故事。当安徒生得意地拿着剧本读给街坊邻居听时，却收到了他们并不是很好的评价：“这是什么剧？！不如干脆叫‘河鲈与鳕鱼干’好了。”

垂头丧气的安徒生回到家里，母亲却笑着安慰儿子说：“这没什么好丧气的，他们的儿子可写不出这么有意思的剧本。”安徒生听了母亲的话，忧虑很快被抚平了。于是，他又开始投入新剧本的写作中。

剧本一个接着一个诞生。这时的安徒生特别希望能有听众喜欢听他朗诵剧本，仿佛这就是他创作的动力。一次，母亲带安徒生去一家织布厂做工。工厂里到处是嘈杂的织布机声。可是当他唱起剧本里的歌时，全厂的织布机都停了下来，人人都喜欢听安徒生演唱，他们夸赞他有着优美无比的嗓音。这让安徒生高兴极了。

随着母亲改嫁给一个年轻的手艺人，安徒生也一起跟着搬了家，但是他的剧院梦仍然继续着。为了能满足越来越豪华的“舞台”效果，他绞尽脑汁从裁缝那里要来一些漂亮的碎布片，以便为自己制作出完美的演出服。安徒生从父亲那里继承的针线活帮了他不少忙。一块谁也瞧不上的零头布，到了他手里就成了整套衣服的点睛之笔。

尽管如此，母亲仍然不支持儿子去当剧院演员。

“剧院里都是些流浪艺人，他们没地方去才不得已去做演员。”她认真地说，“你的针线活很好，不如去找个裁缝师傅跟着学做裁缝吧。跟你父亲一样有一门手艺，将来也不至于饿死。你瞧，十字街上的裁缝迪克曼先生日子过得多好！”可是安徒生并没有听进去任何话，他心里早已埋下了一颗向往戏剧的种子，他回答说：“妈妈，我可不想以后整天用一把剪子把每天的快乐用来缝缝补补，我想要做喜欢的事情，做演员！”

他清楚自己深爱着戏剧。哪怕让他做一天的舞台演员，他也愿意付出十倍百倍的心血去交换。况且,他对裁缝实在不感兴趣,更不想一辈子困在一间小小的裁缝铺子里,做着重复的事情。

很快,安徒生长大了。为了早点实现梦想,他悄悄攒下一小笔钱。他想去哥本哈根做一次长途旅行,看看外面的世界。

“你去那里干什么?”母亲不解地问道。

“我想出名,”安徒生认真回答说,“我想让你的儿子成为一个伟大的人,我想让欧登塞终有一天会为我而骄傲。而在这之前,我愿意经受各种苦难,我也不怕任何困难。”

母亲听完儿子的这番话激动得哭了。她感到无比震惊,甚至不敢相信14岁的儿子真的已经长大。母亲舍不得儿子离开自己,但又忍不住想:让他去吧,他一定不知道外面的世界有多困难。等他没有钱了,就会回来。于是,母亲同意了安徒生人生中的第一次长途旅行。

从欧登塞到哥本哈根需要坐很久的马车,母亲花掉了三块钱,找人租了一辆马车把安徒生送到了哥本哈根,这天是1819年9月5日。他坐在马车上,打开包裹吃着母亲准备的硬面包,俯瞰着哥本哈根这个美丽的城市。突然之间,一种孤独感涌上心头。他从来没有一个人离开过家乡,而那个陌生的

我想让你的儿子成为一个伟大的人。

城市将会带给自己什么，他也一无所知。然而，孤单的感觉很快消散了，他想起了为理想而死去的父亲。他相信父亲会保佑自己好运，也更加坚定，只要肯努力、肯吃苦，就一定会成功。

安徒生默默地对自己说："我一定会在这个城市找到自己的价值！"

『变声期的挫败与无名小卒的忧伤』

安徒生来到哥本哈根，发现这里物价奇高，而他口袋里只有十块钱，他一筹莫展。这时，安徒生脑子里忽然出现一个名字。他凭着一股不怕输的韧劲四处找人，打听这个叫西博尼的人。西博尼是个意大利人，以前安徒生在报纸上读到过关于他的一些介绍，知道他是皇家剧院声乐学校的校长。"没准儿，校长西博尼会喜欢我呢。"安徒生自言自语道。

不久，安徒生真的找到了西博尼。那天中午，西博尼和两位友人在吃午餐。用人把安徒生接到大厅里，他们上下打量起跟前这个瘦弱的小伙子。其中一位教授说道："唱几首吧，你拿手的歌。"于是，安徒生唱了几段熟悉的歌。

刚一唱完，激动的西博尼立刻从座位上站了起来，并给予了热烈的掌声。他非常欣赏安徒生，高兴地说："你好好努力，将来一定能够成为皇家剧院的歌手，我也会帮助你的。"西博尼没有食言，他专门请了声乐老师来教安徒生唱歌，还找了德语老师教他德语，甚至还让安徒生住到自己家里。这让安徒生感到无比幸运。

当然，成功的故事永远没有那样一帆风顺。安徒生遇上了生理发育变声期，嗓音变得不够圆润，歌声受到很大影响。再加上皇家剧院员工数量庞大需要裁员，安徒生没能被皇家剧院留住，他被迫离开了剧院，只能靠写剧本来维持生计。

安徒生一面流着眼泪，一面啃着面包创作剧本。一个又一个剧本在天寒地冻的日子里诞生，他非常渴望这些剧本能够被人赏识，用于舞台表演。皇家剧院导演曾经多次批评他的剧本不适合舞台演出。安徒生回到家中就埋头修改，加倍努力写出更好的剧本。

几番周折，他结识了皇家剧院负责人柯林先生。柯林是个不苟言笑但品格高尚的人，也是丹麦政界很有威望的官员。如果能够得到柯林的认可与推荐，那一定是无比荣耀的事情。通过著名诗人拉贝克的关系，柯林答应约见安徒生。安徒生心情激动，失眠多日，终于见到了柯林。他屏住呼吸，把准备好的剧本递给柯林先生。柯林看完剧本，淡然地说："你的剧本我已经看过，不错。"其实，柯林早已关注到安徒生的才华，很欣赏他一直勤勤恳恳、充满干劲。柯林决定好好培养安徒生。

柯林安排安徒生进入正规院校接受系统专业的教育，还免除了所有费用。安徒生的努力终于换来了成果，他也终于可以实现父亲未实现的愿望——学习拉丁文。结识柯林成了他人生的转折点。

读书期间，安徒生成绩非常优秀，并利用课余时间坚持写作剧本，创作诗歌。等到22岁时，他已经能够写出非常优秀的诗歌了，只不过在当时的社交圈里，他仍然没有太大的名气。

有一次，安徒生兴冲冲地把自己最满意的两首诗歌《黄昏》和《恐怖时间》送给当时《飞邮报》的主编、著名诗人海堡看，希望能够发表在他的报纸上。海堡看了诗歌后，答应了安徒生。可是等报纸出来后，安徒生却只在上面看到了"H"的署名，而不是自己的全名。这让他感到失望极了："难道一定要成为有名望的人，才可以署全名吗？也许，我还需要更加刻苦，我会写出更好的作品，让大家了解我的。"在当时的丹麦，名气的确很重要。

又有一次，安徒生被邀请参加一个聚会。主人中途激情洋溢地朗诵了《飞邮报》上安徒生的两首诗歌。念完后，他介绍说："这是著名诗人海堡的作品。"

"不是的，爸爸，这是安徒生的作品呀！"小女儿刚好与安徒生认识，也知道这诗歌是安徒生写的，可是主人没有再说什么。

安徒生心里自然很明白这一切。这时的他，已经没有太多埋怨和苛责，而是废寝忘食地加倍努力。没有多久，他就写出了《阿马格岛漫游记》。

为了让自己的心血之作能够出版，他捧着书稿跑了好几家出版社，但都遭到了拒绝。他们给出了这样冠冕堂皇的理由："你的书稿非常好，但如果可以把你的全名改成笔名或者其他什么的，兴许我们愿意考虑出版。"这次安徒生不愿意再做任何妥协，他决定自己花钱来出版。

没有想到这本书一面世，反响相当好，很快就脱销了。出版社马上找到了安徒生，要求抓紧再版。这本书一炮而红，成了哥本哈根家喻户晓的畅销书，而安徒生的名字也终于被众人熟知。

『走遍欧洲的旅行家』

“如果生活可以再丰富一些，笔下的故事是不是会更加精彩呢？”安徒生一生都热衷于旅行，他把旅行视为生活中很重要的一部分。没有旅行的各种体验，就不会产生源源不断的、丰盈的灵感。

安徒生一生有过二三十次大大小小的旅行，足迹遍布欧洲。每一段特别的旅程，他都用心记录下来，再写进他的文学作品中。比如在意大利、希腊和君士坦丁堡旅行的时候，他就把其中的经历写成了游记《诗人的市场》。

旅行，能让他找回青春与活力。他在《走遍欧洲》的序言中写道：“阳光将‘旅行’二字写在娇艳的玫瑰花瓣上。对一个年迈的人而言，这无异于一场精神洗礼，促使他重拾青春。你马上就能看到，他曾经平凡的生活绽放出别样的光芒。”

和年轻人一同旅行，也是安徒生的特别爱好。他常常选择20岁左右的年轻男子与他一起旅行，仿佛他们身上昂扬的朝气和纯真的感觉可以唤醒自己苍老而敏感的心。

德国、法国、瑞士、葡萄牙、意大利，黑海、苏格兰、巴尔干、丹吉尔……哪里有冒险，他就喜欢去哪里挑战。《即兴诗人》就是一部融合了他旅行思考的作品。他还有一个习惯，就是每到一个城市，就乐此不疲地拜访当地的著名作家。英国的拜伦、济慈、华兹华斯、狄更斯，法国的雨果、司汤达，德国的歌德、霍夫曼等等，全都是他旅行的理由。

一天，安徒生来到法国，在卢浮宫的走廊里遇到了一个和巴尔扎克长得一模一样的男人。他穿着褴褛破旧的外套、溅满泥浆的靴子，帽子上都是补丁。安徒生盯着他看了很久很久，仍然不敢肯定这就是巴尔扎克本人。他心想：大作家怎么可能这样不讲究呢？直到这个男人来到安徒生身边，安徒生才忍不住问了一句："您不会就是巴尔扎克吧？"这个男人笑了笑，说："巴尔扎克先生明天就要动身去圣彼得堡了！"随后，握住安徒生的手，然后走开了。没想到几天后，当安徒生和一位朋友聊天时，才知道巴尔扎克果然去了圣彼得堡。后来，安徒生感叹道："每个作家都有自己独特的一面。"

"不同的城市有着不同的人文与风景，作家不应只局限在自己的想象中。有了开放的思想，才能创作出更加自由的作品。"安徒生永远对世界充满好奇，这也是他的童话世界充满生命力的原因。

聊聊梦想

我觉得安徒生的梦想是______________________________

为了实现梦想，安徒生做了什么？

____

我的梦想是______________________________________

为了实现梦想，我已经做了什么？

____

我还要做什么？

____

小链接：《海的女儿》与莉堡的故事

《海的女儿》是安徒生著名的童话之一。这个故事的灵感，来自安徒生与莉堡的故事。

1830年8月7日，旅行中的安徒生抵达福堡，住在富有的谷物商沃依特的家里。沃依特有个妹妹，是家里几个姐妹中的老大，名字叫莉堡。莉堡长得十分美丽，有着一双深邃温润的棕色眼眸。安徒生第一次见到莉堡时，就像着了魔一般被深深吸引住了。

莉堡读过《阿马格岛漫游记》，当她知道安徒生就是这本书的作者时，兴奋极了。她常会询问安徒生关于创作灵感的事。安徒生很耐心地为她解答，只是他实在不善言辞，甚至根本找不到任何机会去表达自己对莉堡的情意。过于腼腆的安徒生始终不敢主动表白，只好把情思写进诗里。

后来，莉堡知道了安徒生的心意，只是她不能接受这份爱。她并没有对他动过心，只是单纯地喜欢与欣赏。

在告别的那天早上，莉堡的哥哥转交给安徒生一封莉堡亲手写的信，信上写着："再见，再见了，我能说的也只有这些，无论如何，我衷心祝愿你安好，愉快！"

就这样，安徒生与莉堡的故事结束了。他把离开莉堡的心情写进了童话故事《海的女儿》中，而美人鱼的感受也许就是安徒生对莉堡情感最真实的写照。

法布尔：

自学成才的物理老师

一个人善于奉献，才能获得别人的感恩和回报，彰显自己在群体中的价值，过上和谐美好的生活。

——法布尔

人物档案

法布尔(1823~1915)，法国著名昆虫学家、文学家，出生在法国南部城市普罗旺斯的一个农民家庭。虽然家庭条件窘迫，但是广阔的土地给予了法布尔无限的想象空间和观察动植物的一方天地。他每天都可以与饲养的鸡鸭和不知名的昆虫们相伴。

中学毕业后，他跟随全家搬到罗德斯镇。父亲经营起了一家咖啡馆，法布尔就在罗德斯中学继续念书，学习拉丁文和希腊语。1838年，父亲生意失败，全家又搬到蒙贝利市。法布尔一边帮着打零工，一边勤奋读书。此后他就读师范学校，毕业后成为一名小学老师。法布尔并不满足于这份工作。他自学起数学、物理和化学，并取得了蒙贝利大学的入学资格。此后，他又凭借坚韧的毅力，自学考取数学与物理学学士学位。1849年，25岁的法布尔被推荐至科西嘉岛的一所高中任教物理。在此期间，他一边潜心教学一边研究植物与昆虫，先后发表多篇学术论文。

1879年，法布尔把二十多年来的观察资料汇编成《昆虫记》第一卷并出版。随后又陆续出版九卷《昆虫记》。1889年，65岁的法布尔获得法国学士院最高荣誉布其·得尔蒙奖。

每天，我们人类都同地球上数百万种植物、动物和微生物共享阳光、雨露，感知着彼此敏感而新奇的生命。大自然就像一个庞大的博物馆，里面充满了无穷无尽的乐趣。其中昆虫们就给自然奥秘的探寻者带来了意想不到的乐趣。

它们个头小小的，却总是能凭借出色的能力，让我们大开眼界：夏季树枝上最热闹的蝉，为了放出动听的歌声，总是耐心地蛰伏在地底下很多年；不起眼又令人毛骨悚然的毛毛虫，竟然能够长成色彩斑斓的蝴蝶；而喜欢"嗡嗡嗡"叫个不停的蜜蜂，更是神奇，它们能像大雁一样辨认自己回家的路，哪怕路程有好几公里……实在让人难以置信！

小朋友们，你们学过怎样观察这些可爱的昆虫吗？

法国有一位了不起的昆虫学家，他的名字叫法布尔。他穷尽了毕生精力，都在研究关于昆虫的一切。他还用水彩绘制了好几百幅逼真的真菌插图，并写出了一部昆虫史诗——《昆虫记》。

其实，法布尔的主业并不是昆虫学家，而是物理老师。他从25岁开始在国立高中教物理。在此期间，他一边潜心教学，一边研究植物与昆虫，先后发表多篇学术论文。

『从卖柠檬的小商贩到科西嘉岛的物理老师』

想要获得成功，或者说要实现自己的一个愿望，最重要的是什么呢？那一定是努力。

也许这话听起来很像教科书般的说教，但事实确实如此。任何一个取得荣耀的人，他们往往在背后默默付出了我们看不见的努力，法布尔就是这样一位了不起的人物。

1823年，法布尔出生在法国南部的一个小乡村。他家里条件很差，在寒冷的冬天里，常常需要抱着绵羊取暖睡觉。10岁那年，他们全家搬到了罗德斯镇，法布尔就近到罗德斯中学读书。中学的课程并不紧张，他常常在课余时间跑到附近的牧场上去玩耍，观察小鸭子们有没有长大，或者干脆卷起裤管脱掉鞋子，走到田地里去捉泥鳅，淘气极了。

法布尔14岁时，由于父亲创业失败，家庭没有了固定的收入。几次搬家后，经济更是陷入了困窘的地步。法布尔为了减轻家庭的经济压力，每天吃煮烂的马铃薯充饥，然后夜以继日地四处找工作。

有一阵子，他想到了去街上和游乐场里卖柠檬的办法。一大清早，法布尔走老远的路去买一筐便宜的新鲜柠檬来，然后推着小车子在路边摆摊叫卖。他心里很不是滋味，想："贫穷一定只是暂时的，我得改变现在的生活，那就从自学开始吧，也为了我喜爱的那些金龟子！"

于是，法布尔决定开始发愤读书。

他在一所师范学校读书。在那所师范学校毕业的学生，一般都只能去小学工作，而当时的小学教师待遇相当差，一个月的薪水大概只够勉强买一些硬邦邦的面包之类的食物来填饱肚子。法布尔实在很无奈，但也没有其他选择，只好暂且留在一所名叫卡庞特拉的市立中学附属小学教书，教的还是他并不喜欢的数学。

为什么不是生物学呢？原因是，这里的学校压根儿就开不了这门课！落后的教学环境让学生们连做个像样的实验都很难办到，可是这些科学知识对学生而言是非常有用的。于是，法布尔常常利用课余时间教孩子们一些物理、生物和化学知识。

他对着班里的学生说："你们将来走上社会，有很多同学仍然会回到生养你的乡下去。乡下不是吃西餐、讲艺术的地方，那里需要你们动手去做，用眼睛去观察。你们得清清楚楚地知道土壤由什么组成，植物如何吸收养分，这样才能给土壤恰当地施肥，种出饱满的菜和鲜红的胡萝卜。另外一些学生会到工厂工作，那里不是干净明亮、一尘不染的图书馆，也不是拉小提琴的地方。你们得伸出手指尝尝罐头的味道，得知道如何腌制那些咸鱼罐头；如何生产一块块好用的肥皂，可不能让人笑话你做的肥皂洗不掉衣服上的脏东西；还得知道酿酒的工艺分几步，什么是蒸馏器、鞣酸和金属。”

听完法布尔的这些话，平时上课老爱打瞌睡的几个小懒虫眼睛里闪着光芒，激动地说：“老师，我们要好好学习。”学生们也立刻有了清晰的认识：学习是生活的重要部分，是为了让我们的生活变得更好。

可是说归说应归应，一旦到了具体的化学课环节，没有实验器材怎么做实验呢？总不能想象自己是魔法师，变出一堆七七八八的玻璃瓶来吧。这太让法布尔苦恼了！有一次，法布尔四处找不到合适的蒸馏瓶，商店里的实验器械又昂贵得吓人。他感到十分沮丧，一个人坐在角落里垂着头，很失落。过了一会儿，他告诉自己说：“我要给孩子们做真正的实验，如果没有条件，那我就创造条件。”于是，他就直接把烟袋当坩埚，用装八角、茴香的玻璃瓶替代蒸馏瓶，然后做起了实验。

在法布尔的指导下，很多学生都拿到了优异的成绩，学校也因此名声大震，得到了前所未有的好评。

然而这仅仅是一个开始。

小学教师的日子就这样过了好几年。微薄的薪水以及不被重视的教育环境，让法布尔感到很不满。尽管他也取得了一些小小的成绩，但这仍然不能使他放下心中的一个理想：去更大的地方当中学教师。而要实现这个理想，只有一个办法，那就是自学进修，获得更高的文凭，这样就能有资格调动工作了。

当时，法布尔家的隔壁，住着一位退役军官。每天夜里，隔壁的房间都灯火通明，法布尔对此感到很好奇。有一次，两人在过道上偶然遇见，法布尔就上前问道："你每天夜里都在忙什么呢？"

退役军官笑了起来，他说："我在准备一场考试，我打算自学考一个数学学士学位，将来就能找一份好工作了。"

法布尔听完，眼睛里立即闪烁着光芒。他忽然一阵欣喜，急忙追问："请问，我能和您一起学习吗？我也非常渴望能考取这个学位！"

“当然可以！不过，你得很辛苦了，因为你白天还得工作。”

“我会努力的。”

法布尔虽然是小学数学教师，但其实对数学并不擅长，只会一些最简单的代数。现在知道有了进修的新办法，他当然十分高兴。那天以后，法布尔每天晚上吃过饭就跑到隔壁，他们一起制订了学习计划，并且把代数和解析几何的内容按照进度排到每天的日程里。

一年多以后，他们信心满满地一起到蒙贝利大学去参加学士考试，结果出乎意料，两人竟然都取得了数学学士学位。退役军官对法布尔说：“亲爱的兄弟，我拿到这个学位已经满足了，我要去找一份工作，不再追求其他的了。而你，可以继续前行，我从你的眼睛里看到了更高的目标。去吧，我的兄弟！”

“我要继续考物理学学位。谢谢你的鼓励，我不会放弃的。”

法布尔坚忍不拔的毅力和永不言败的精神，终于让他成功了。不久，他又得到了物理学的学士学位。抱着证书，他流下了感慨的热泪。

原本以为拿到了含金量很高的两个学位，就可以顺利进入心仪的中学教书，可是当地的政府并没有把这个年纪轻轻的小学教师看在眼里。但凡政府部门推出一个空缺的岗位，瞬间就被各种各样苦心钻营的人给抢走了，这让法布尔更加恼火。

忍无可忍的法布尔终于下决心写了一封信，寄给当地的学区长。信里这样说：

尽管长期以来我已经习惯于忍受失望的痛楚，但是很少像最近这次一样受到如此大的打击……我在写给您的第一封信中曾经表示，对于现在的岗位，我无论如何也不会再继续下去了。今天，尽管像那时一样没有希望得到另一个岗位，尽管明年的前景很不乐观，我的决心仍然同样坚定。我再也无法忍受把时间浪费在现在的职位上，我没有勇气这样做下去。请不要让我在小学这个狭窄的圈子里继续浪费青春，给我一个适合我学业和思想的工作。这样你们就会知道我的脑子里装的是什么，我的精力有多么充沛。但是，由于多种原因，到目前为止交付给我的工作令我难以忍受，无法再坚持一年。因此，学区长先生，您现在可以随意分配我一个岗位，正如您可以在第一时间支配我本人一样。愿上帝保佑这一时刻尽快到来。

这封充满了火药味的申诉信终于出现在了学区长的办公桌上。

“这个老师倒是很有自己的想法，如今这样的人可不多了。”学区长把信塞进信封，锁进了抽屉里。他又从学校档案库里调出了法布尔的资料，认真翻阅了法布尔的教学成绩和工作档案，通过校长和一些同事了解了这位年轻教师的工作表现。他们都给予法布尔很高的评价，这让学区长对他更加刮目相看。

这件事后，学区长也记住了“法布尔”这位教师的名字。

1849年，科西嘉岛的阿雅克肖高级中学需要招一名物理教师，年薪是1800法郎(几乎翻倍)。学区长得知消息后，第一时间把岗位留给了法布尔。1月22日，教育部发出调令，当地报纸上立即登出了以下这则报道：

> 这份早就应该给予却姗姗来迟的报偿，刚刚给予一位才华横溢的人。他在教学研究中取得了十分突出的成绩，而所依靠的力量全部来源于自己的意志和奋斗。

至此，法布尔的“换岗奋斗史”算是画上了一个圆满的句号。那一年，他只有25岁。

接下来，他在科西嘉岛上会发生什么有趣的故事呢？我们接着往下看吧！

『走出迷路的班杜山』

科西嘉岛是法国最大的岛屿，位于地中海。岛上自然风光旖旎，像一座巨大的博物馆花园。那里气温宜人，茂密的森林里长满了无数新奇的植物，这让法布尔感到万般着迷。他将一半的空余时间挪出来采集各种植物标本，观察岛上从没见过的动物和昆虫。他在岛上一边研究这些自己喜欢的东西，一边写写论文，这简直是他一生中最幸福的时光。

在科西嘉岛的正中央有一座高高的山峰，名字叫班杜山。一年之中，这座山有一半的时间被大雪覆盖，但山顶上生长着许多稀奇的植物，有香气浓郁的麝香草，有纹理清晰的虎耳草，还有马鞭草和迷迭香等，这引起了法布尔极大的研究兴趣。他常常会背着行囊登山，寻找新的发现。

1865年8月的一天，他约了八个朋友一同攀登班杜山。登山可不是闹着玩的事，是有生命危险的。班杜山海拔两千多米，散布着大大小小的岩石块，路十分不好走。

法布尔一行人提前一天来到山脚下的旅馆里住下，计划着第二天大清早就出发。

第二天，天气晴朗，他们九人启程了。法布尔的背包上系着气压计，是为了测量植物分布地区的海拔才带来的，手上则拿着笔记本和铅笔，随时随地记录各种植物信息。随着他们往山顶上进发，地面上常见的那些橄榄树、橡树都渐渐淡出视野，后来就连黄杨树也看不见了，只剩下流淌着的清泉。好在没有下雨，大伙儿都很愉快。

他们中有三人是植物学家，专程带了研究任务来的，另外五个人则是陪同，纯粹为了周末户外运动。他们按照计划往山顶登去，几个钟头以后，总算爬到了山顶。

“拉克乌尔去哪里了？”

“有谁瞧见拉克乌尔了吗？”

“是不是刚才去找什么珍稀植物了？”

……

法布尔开始焦急起来，看来他们的队友迷路了。

这个时候，天色渐渐暗下来，距离他们想要去的山地小屋还有一段路，可是拉克乌尔还没找到。这时，法布尔抬头看到乌云开始聚集，他推断很快就要下大雨了。地中海的雨总是说下就下，而且往往是倾盆大雨。在雨中下山将会是相当危险且困难的事，可是他们没有半点别的办法。

正决定动身下山的时候，法布尔发现他们也迷路了。由于刚才寻找队友，情急之下乱了方向，现在他们彻底被困在了山顶。

“我们就在这里等雨停了再走吧。否则一滑坡，就会粉身碎骨的。”有队友提出了这个建议。

“不行，山顶气温太低，再过几个小时，我们会被冻死。”法布尔镇定地说。

大家继续你一言我一语、焦虑万分，只有法布尔一人静静地坐在一旁思考着什么。他忽然站起身来，和巴黎植物园的朋友贝尔罗商量起来：“也许我们可以通过风向来判断。”贝尔罗点了点头，表示赞同。

于是，法布尔在前面带头，其他人跟在后面，贝尔罗在最后。他们手牵手，小心翼翼地一步步往山下挪动。

走着走着，天色已经完全黑了，可是山地小屋仍然没有找到。黑漆漆的夜里没有月光，一行人在陌生的树林里行走。要怎样才能走出这块危险地带呢？他们更加焦虑了。

“大家空出一只手，往左右两边挥动，如果被针状的什么植物刺到，那就意味着我们找到了荨麻草。”法布尔大声说道。

“荨麻草有什么作用吗？这和我们要走的路有什么关系？”

“因为荨麻草大多生长在人来人往的路旁边，如果我们能找到荨麻草，那就等于找到平常的路了。”

贝尔罗也赞同这个做法。其他队友没有别的办法，当然，他们也很愿意相信植物学家的判断。于是，大家按照法布尔的建议挥舞着手，沿着荨麻草丛一步步走下去，最终找到了小屋。

他们推开小屋，惊喜地发现拉克乌尔早已在屋里等着大家了。原来，他采集植物后意识到快要下雨了，就径直回到了小屋。这时候，所有人都松了一口气，开心地笑了。

这就是法布尔凭借精准的判断和丰富的植物学、地理学知识成功带领大家摆脱困境的故事。小朋友们，如果仅仅是学会课本知识而没法在生活中好好运用，那么这些知识就都是死的。显然，法布尔做到了学以致用。

啊

聊聊梦想

我觉得法布尔的梦想是________________________________

为了实现梦想，法布尔做了什么？

____

我的梦想是____

为了实现梦想，我已经做了什么？

____

我还要做什么？

____

小链接：昆虫与《昆虫记》

大约四亿多年前，昆虫就在陆地上出现了，它是当今地球上种类最多的一类动物。一般来说，昆虫体型较小，但具有十分发达的神经系统，而且大多数昆虫具有非常强的飞行能力。比较常见的昆虫有甲虫、蝴蝶、蜜蜂、蝇、蛾、蚂蚁、蜻蜓、蝽、螳螂等，它们遍布在世界的各个角落。每年仍有许多新种类被人类发现，迄今为止大约已有两百万种。

尽管昆虫个头很小，可是哪里都缺不了它们。花粉需要传播的时候，蜜蜂就出现了；蚕宝宝结茧后，我们才有柔软温暖的蚕丝被可以盖。它们还有许多神奇的本领：细小的跳蚤轻轻一跃，竟然能跳到自己身高两百倍的高度；如果蜻蜓飞得很低很低，那就是告诉我们天快要下雨了，农民就可以早做安排，防止不必要的庄稼损失。

法布尔从小喜爱昆虫，花费了近三十年时间观察昆虫的习性，从而写成了十卷的《昆虫记》。书里提到了上千种昆虫，以及对许多其他动物和植物的介绍，还记载了法布尔自己的一些生活事迹，比如《我的学校》《数学忆事：牛顿二项式》《数学忆事：我的小桌》《童年的回忆》《难忘的一课》《工业化学》这些章节。可以说，它既是一部科学著作、文学经典，又是法布尔的自传。

列夫·托尔斯泰：

与穷人为伍的贵族

人类被赋予了一种工作，那就是精神的成长。

——列夫·托尔斯泰

人物档案

列夫·托尔斯泰(1828~1910),俄国批判现实主义作家、思想家、哲学家,出生于俄国图拉省的波良纳庄园。托尔斯泰家境殷实,父母都是当地的贵族。他在波良纳度过了无忧无虑的童年。1844年9月,托尔斯泰考入喀山大学东方语言系,一年后又转入法律系学习。没等毕业,他就离开了学校,回到波良纳创办第一所农民子弟学校。他参过军,做过炮兵下士,并断断续续开始写小说。

托尔斯泰创造了史诗体小说,他擅长于再现宏观世界,也精于刻画微观世界,写出了社会生活的波澜壮阔。高尔基曾说:“不认识托尔斯泰,不可能认识俄罗斯。”

为了了解先进的教育,托尔斯泰于1860

年前后多次出国游历欧洲。这些经历丰富了他对于教育的理解。回国后，他坚持投入教育事业，并开始了长篇小说《战争与和平》等作品的写作计划。

他深切同情俄国底层人民，渴望废除俄国日趋没落的农奴制和土地私有制，这一思想在他的伟大著作《战争与和平》《安娜·卡列尼娜》和《复活》中表现得淋漓尽致。

晚年的托尔斯泰抛弃了自己的贵族生活，亲自来到田间耕地，为当地的农民盖房子，还访问贫民窟，深入了解苦难百姓的生活。1910年深秋，身体虚弱的托尔斯泰从家中秘密出走，途中感染肺炎，不幸逝世。

托尔斯泰一生致力于写作，完成十多部小说。他的作品影响了一代又一代人，大量被译成各国语言，成为公认的世界文学瑰宝。

小学六年级语文课本里有一篇托尔斯泰的小说，名叫《穷人》。内容是说，渔夫和他的妻子桑娜虽然食不果腹，但是在看到女邻居因病离世而留下两个面临绝境的孩子时，他们仍然敞开怀抱，不假思索地将孩子收留下来。托尔斯泰是想通过这篇小说告诉我们，穷人也有一颗善良的内心，有时候甚至比贵族更加仁慈。

“小说大多是虚构的，却又有生活的影子。”课本里的这句话把小说和生活的联系说了出来。作家写小说，常常就是在写发生在他们身边的故事。

那么，托尔斯泰对穷人的心理把握得如此准确，是因为他也经历过那样的苦日子吗？如果说是，那你就猜错了。托尔斯泰出身贵族，从小就生活优渥，丝毫不用为经济而烦恼。究竟发生了什么，使这位大作家开始关注穷人呢？这还得从他学生时代的一位好朋友说起。

『改掉坏习惯，从今天起做一个清醒的人』

在距离莫斯科南部不远的一个叫波良纳的庄园里，五个孩子含着金汤勺先后出生了。他们在庄园里无忧无虑地生活着。

托尔斯泰是四个男孩子里最小的一个,母亲玛丽亚尤其疼爱他。

当小托尔斯泰四岁的时候,父亲尼古拉和母亲玛丽亚的庄园已经扩大到令人吃惊的程度。他们拥有七处领地,以及一千五百多个农奴,是当地最富有的地主。夏天的波良纳是一座繁茂的花园,小托尔斯泰常常和大人们一起在草地上野餐。他喜欢静静地躺在白桦林的草地上,仰望着流动的白云和湛蓝的天空,听着细小的昆虫发出美妙的鸣叫声。"世界真是太美好了!"小托尔斯泰闭着眼,发出长长的感叹。他和家人常会远远地看着农奴们捕鱼、割草、收拾麦穗、整理屋子、轰赶野兔。总之,任何事情都不需要亲自去动手,农奴们都会井井有条地安排好。小托尔斯泰也并没有觉得这不好,因为在他们贵族的脑海里,这些都是理所当然的事情。

时间飞快,十六岁的托尔斯泰转眼已经到了读大学的年龄。1844年9月,他身穿精致的黑色礼服,头戴一顶三角礼帽,自信满满地走进了喀山大学东方语言系的课堂里。

喀山大学是一所公办学校,不论是生活富裕的贵族还是平凡小职员的孩子都可以在这里读书。同学们在一起听课、记笔记、考试。那个时候,仿佛有一个奇怪的现象:越是趾高气扬的贵族子弟,往往越是不如那些平民子弟勤奋好学,成绩自然也就不够优异。

托尔斯泰也没有跳出这个怪圈。由于平时花在学习上的时间不多，到了期末考试，他成绩非常糟糕，阿拉伯语甚至只得了2分。这让他无比苦恼。

“只有2分？我可不要被学校留级，这会让我颜面扫地的！”托尔斯泰一边抹着眼泪，一边开始抱怨老师辅导不够耐心，抱怨同学没有借他笔记，“总之，我不想在这里多待一分钟，我不想成为同学们的笑柄。”

就在这个时候，一位影响他一生的好朋友出现了，他的名字叫季雅科夫。

季雅科夫比托尔斯泰年长五岁，但这并不妨碍他们快速地成为形影不离的挚友。在思想不够成熟的托尔斯泰面前，季雅科夫显得太出色了。他精力充沛，对很多问题都有深刻的见解。未来的生活、艺术的力量等话题，全都是季雅科夫所关注的。托尔斯泰仿佛一下子被攫住了，他被眼前这位朋友深深吸引。“原来，我们的生活可以不是只有农奴和金子，还有更加宝贵的东西！”托尔斯泰感慨万千。

没错，有很长一阵子，他俩经常会在校园里找一个地方长谈，一谈就能谈上好几个钟头。儿童教育、艺术、婚姻等等，只要能想到的话题，他们一个都不落下。

在季雅科夫的影响下，托尔斯泰渐渐懂得了平等待人的道理。他懂得怎样与人相处，怎样尊重每一个人。他领悟到无论身份贵贱，人这一生都需要通过自己的双手来改变命运；人应当自我完善。从现在开始，他要改掉坏习惯，做一个时时刻刻都清醒的人。

假期里，托尔斯泰从学校返回故乡波良纳，他的心智一下子成熟起来，仿佛变了一个人。

“妈妈，我不再需要仆人了，我想我能够照顾好自己。”托尔斯泰拒绝了农奴的服侍，还给自己定下了一个小目标：每天早上四点钟准时起床看书，阅读一些哲学书籍。这些书中对他影响最深的就是卢梭的《忏悔录》和《爱弥儿》。他一边读书，一边不断反省自己，同时又思考社会进步的意义。

就这样，一位伟大的思想家成长起来了。

『家庭圆桌派，思考生活的开始』

“哦，爸爸，可以不要念我的文章吗？”小儿子伊·托尔斯泰悄悄用手盖住自己的眼睛，留出一条细缝，偷看着坐在沙发上的父亲托尔斯泰。原来，这是已为人父的托尔斯泰在家庭里组织的游戏，他们称之为“家庭圆桌派”。

“这可不行，我的儿子。你们每个人的文章都需要拿出来分享，让大家来评一评呢。”托尔斯泰捋了捋他灰白色的大胡子，笑着对伊说。

“可是这个星期，我实在写不出任何东西……”伊委屈地噘着嘴巴，脸涨得通红，轻声说道。

“这有什么关系？要学会袒露自己。你可以听听别人是怎样写故事的。”托尔斯泰摸了摸伊的脑袋，语气很温和。在孩子面前，他总是十分慈祥。

这是19世纪80年代中期。在托尔斯泰家里，有一个不成文的约定：每个星期天，一家人聚集在大厅里的圆桌周围，等待信箱被打开，由一位大人来朗读信箱里大家的作品。托尔斯泰把家庭圆桌派视为家庭教育的一部分，让孩子们学会观察和思考，学会用适当的形式来表达。

信的内容是什么呢？原来是这一个星期里身边发生的事件。可以把它写成诗歌或者小说、故事，但不署名。这样一来，无论读到谁的文章，大家都不会感到难为情。

这是托尔斯泰的点子。那时候托尔斯泰已经五十多岁了。他深深明白，眼下要改变一个时代的困境，最需要从改变孩子的教育开始。倘若不能改变农奴的儿子，那么至少先把自己的孩子教育好，教会他们写作，教会他们看待社会。

这个家庭圆桌派的游戏十分受欢迎。我们来看看托尔斯泰自己都写了什么有趣的文字："哪个问题更难解决？是防止牲畜大量疫死，还是让中学生学会语法五格变格呢？"

这个问题更像是请孩子们来谈一谈关于社会中经济运转的看法以及学校里的教育问题。

"下次请回答如下问题：为什么乌斯秋莎、玛莎、阿廖娜、彼得等人要烤食物、煮饭、打扫、端茶倒水，而老爷们却是吃，贪婪地吃，乱扔脏物，弄脏后又开始吃？"

这是一个敏感又尖锐的话题：为什么男人和女人的地位是那么不平等？为什么社会分工会如此传统？这更像是一堂思想政治课。

根据伊的回忆，家庭圆桌派进行得非常成功，对他产生了很大的影响。一个小小的信箱承载了一个家庭的记忆，更是托尔斯泰对自己教育理念的一种最直接的践行。托尔斯泰希望能让孩子们多从自己的生活中思考深刻的问题，培养孩子们独断审慎的能力。

『富人与穷人』

如果说“家庭圆桌派”是托尔斯泰的教育观在他小家庭里的实践，那么办学校、做校长，成为一名真正的教育者则是他毕生的心愿和努力的方向。大家是不是要问了，大作家为什么不专注写小说，还要花费大量的心血去投身教育呢？这还得从一件小事说起。

1849年的波良纳，虽然满眼都是富饶的土地，可是农奴生活得并不如意。农奴们起早贪黑，没有接触知识的机会。他们的孩子由于需要在家照顾更小的弟弟妹妹，还得放羊干活，更没有条件去学习了。托尔斯泰看在眼里疼在心里，于是他很快操办起一所规模不大的学校，教农民的孩子们学习知识。

突然有一天，一个父亲怒气冲冲地跑来找校长托尔斯泰，说道：“请您不要再教我的孩子了，孩子都给教坏了。”

托尔斯泰感到十分吃惊，他问：“教坏是什么意思？”

“您教他读书、认字，本来是好事，可是他现在一回家就神气起来，有时候还不愿意干农活。我们这些农奴，懂那么多知识有什么用呢？我们永远是农奴，孩子的孩子照样得卖给别人干活！”

“可是，孩子不能没有书读啊！”

“穷人家的孩子不需要读书，他们只需要放羊，长大了替人做事。我们没有别的奢求。”说完，农民拉着他的儿子离开了学校。

这让托尔斯泰感到无比伤心和难过。他完全无法想象，农奴落后的思想竟然会那么根深蒂固。这是在波良纳，在他深爱着的美丽故乡，可这不就是整个俄国的缩影吗？如果不去改变，社会怎么会好起来呢？农奴虽然没有选择出身的权利，但人生来就是平等的，他们同样也应该接受教育，过上更好的日子。

这件事以后，托尔斯泰更加坚定了自己办学校的信念。在给朋友的一封信里，托尔斯泰十分气愤地指责当时俄国的教育，他说：“（那些以往曾就学于司祭和助祭的识字者）首先读的是斯拉夫信条、《诗篇》、戒律（斯拉夫的），其次是卦书之类。不去实地验证，很难想象这对智力带来的巨大浪费和对学生精神气质造成的破坏。”

渐渐地，托尔斯泰在教育中投入了越来越多的精力，学校也终于建起来了，从一所到三所，再到后来的二十多所。当他看到穷人的孩子开始有了自信的眼神时，大作家的眼里噙满了泪水。

春天到了，托尔斯泰就带领学生们来到自己那片3000平方公里的土地上，让孩子们在大自然中体验劳动，养成劳动习惯，就像我们现在所提倡的劳动教育。

春天是播种的季节，孩子们和校长一起种植亚麻、豌豆、胡萝卜等。待到秋天丰收的季节，他们又亲自收割。沉甸甸的果实全都归自己所有，别提有多自豪了！

“看，孩子们！这是我们共同劳动的果实，真正的果实！”托尔斯泰自豪地一手握着锄头，一手高高举着刚从地里拔起来的胡萝卜。

原来,大文豪托尔斯泰不只重视写作,还深谙教育对于改造一代人甚至一个民族的重要性,矢志不渝地用大半生时间投入教育事业。他曾经说:“只要没有广泛的教育平等,就不会有更好的国家制度。”

这样一位贵族,却能心怀穷人,渴望社会上人人平等,甚至把社会的恶归根于像自己这样的富人。他从自己身上寻找根源,后来终于发现,人类一切恶的根源都是因为富人剥夺了穷人。

夜深人静时，托尔斯泰披着盖毯坐在窗前，望着星空苦苦地思索，他想：为什么我给穷人钱却还要遭受冷眼？为什么富人会将一些人请到客厅里盛情款待，对另一些人却在门廊上接待？对一些人用敬称“您”，可是对另一些人却说“你”？人与人要做到真正的平等是多么不容易啊……

这些难以回答的问题越来越困扰着托尔斯泰，他常常为自己是一个富人而感到羞愧。但是捐钱行善并不是让穷人与富人平等的根本办法。托尔斯泰觉得，唯一的出路就是放弃贵族身份，亲自下地耕种粮食，与农民一起生活。

他确实这样做了。他和当地的穷人一起干农活，劈柴、打水、生炉子、修鞋、缝布料，还戒掉了烟酒，改吃素食，并且要求家人和他一起离开庄园，住到乡村农舍里。为了让自己彻底放下贵族身份，他愿意把他的文学作品的版权无偿地给俄国人民。1891年9月16日，他给报社写信，发表了一份声明：

我赋予所有愿意的人以下列权利：无偿地在俄国和国外用俄文和译文出版并上演印在1886年版第十二卷上和今年即1891年版第十三卷上的所有我的作品，以及我没印过的和今后可能出现的作品。

1898年，他还把《复活》这部作品的稿费全部捐赠给了当时遭遇迫害的教徒们，帮助他们移居加拿大。

托尔斯泰直到去世前，依旧敢于用理性直面自己的心灵。他在去世前最后的日记里这样写道：

醒来得很早，在院子里散步。看到那些在自己家里劳作着的婢仆，越发感到苦痛。跟这些人相对的时候，我就努力想要在心中祈祷。……不断地觉得烦闷、羞耻。(1月5日)

聊聊梦想

我觉得托尔斯泰的梦想是________________________________

为了实现梦想，托尔斯泰做了什么？

____

我的梦想是______________________________________

为了实现梦想，我已经做了什么？

____

我还要做什么？

____

小链接：托尔斯泰是怎样修改文章的？

托尔斯泰最著名的小说是《安娜·卡列尼娜》，这部小说能够成功出版，离不开妻子索菲亚的帮助。

索菲亚是全职家庭主妇，同时还是托尔斯泰的“第一秘书”，她几十年来始终默默无闻地支持着丈夫的写作。当小说《安娜·卡列尼娜》在《俄国通报》刊载时，他们每天都能收到从邮局寄来的校样，而这些都需要反复阅读并且修改，包括标点符号、病句、词语，有些地方可能还需要调整，等等。这些工作谁来做呢？“第一秘书”索菲亚责无旁贷挑起了重任。她整夜整夜坐在书房里工作，把全部校样誊抄得工工整整，等待着第二天送去邮局寄出。

可常常是这样的。第二天早上，托尔斯泰拿起修改过的稿子看时，又忍不住略带歉意地说：“索菲亚，原谅我吧，这地方我得再看看。”

有时候，修改过的稿件已经寄出，可托尔斯泰突然想起了一些情节，他立刻又会发电报给报社，重新拿回来修改。

托尔斯泰的原稿字迹难以辨认，这修改誊抄工作也只能由索菲亚完成了，因为托尔斯泰还有更重要的事情需要去做。原来，《安娜·卡列尼娜》的完成，也有妻子索菲亚的一半功劳呢。

泰戈尔：

我愿领悟生命的真谛

当我们大为谦卑的时候，便是我们最近于伟大的时候。

——泰戈尔

人物档案

泰戈尔(1861~1941),印度诗人、文学家、哲学家,出生于印度加尔各答市一个充满文学与艺术修养的贵族家庭。受到家庭环境的熏陶,泰戈尔8岁时就开始尝试写诗,13岁时已经创作长诗《野花》《诗人的故事》等,并陆续在杂志上发表散文和诗歌作品。

泰戈尔青年时留学英国,主修英国文学,回国后致力于戏剧和文学创作,出版诗集《晚诗》《晨歌》《画与歌》。他一生共出版了五十多部诗集,十二部中长篇小说,还有大量的戏剧和演讲集等,其中最广为人知的代表诗集有《吉檀迦利》《飞鸟集》《园丁集》和《新月集》。

泰戈尔足迹遍布世界各国，曾在巴黎、莫斯科、纽约等地举办个人画展。晚年两次访问中国，与诗人徐志摩情谊深厚。

泰戈尔是具有巨大世界影响的作家，也是第一位获得诺贝尔文学奖的亚洲人。他的作品充满爱国主义和民主主义精神，具有很高的艺术成就。

当雷云在天上轰响，六月的阵雨落下的时候，湿润的东风走过荒野，在竹林中吹着口笛。

于是，一群一群的花从无人知道的地方突然跑出来，在绿草上跳舞、狂欢。

妈妈，我真的觉得那些花朵是在地下的学校里上学。

他们关了门做功课。如果他们想在放学以前出来游戏，他们的老师是要罚他们站墙角的。

……

这是谁在说话呢？

原来，是天真烂漫的“我”在和妈妈对话呢。

他们在说些什么呢？

这是一个关于春夏间大自然里的故事。所有的花儿、草儿、树都茂盛起来了。在湿润的阵雨里，它们一下子全都饱满起来，五颜六色的花孩子们渴望着雨水来滋养，渴望着天空的怀抱。他要把这个故事说给妈妈听呢！

这个孩子可真有想象力呀，他就是印度诗人——泰戈尔。这篇课文题目叫作《花的学校》，选自他的一部散文诗集《新月集》。

在《新月集》里，每一篇都深深地蕴含了孩子和母亲之间永恒的爱。“妈妈”的形象温柔慈爱，她的怀抱四季如春，有“妈妈”在的地方，就是安全的避风港。诗里，泰戈尔化身为纯真烂漫的孩子，字字亲昵，句句真情。诗人用细腻质朴的语言组成一首首短小的诗。优美的文字里，倾注了诗人丰富而深沉的情感。

妈妈，你要一堆一堆的黄金吗？

在金河的两岸，田野里全是金色的稻实。

在林荫的路上，金色花也一朵一朵地落在地上。

我要为你把它们全都收拾起来，放在好几百个篮子里。

瞧，多么善良的孩子！在泰戈尔成长为诗人的过程中，有一个人的影响是举足轻重的，那正是他最亲爱的母亲。在孩子的心里，母亲永远是最美好的，他们愿意把所有最珍贵的东西都送给母亲，而最珍贵的东西不是金银财富，也不是山珍海味，而是一颗温暖炽热的心。

诗人泰戈尔对母亲有着深深的爱，他把心底最柔软的情感献给了母亲。在他成为诗人的过程中，母亲永远是他的导师。这位母亲是怎样影响了大诗人的呢？请继续往下看吧。

『孩童的世界里装满了父母的爱』

泰戈尔的家族十分庞大，属于商人兼地主阶级，经济条件比较优越。他的母亲为这个大家庭生育了15个子女，泰戈尔是孩子里最小的一个，因此他得到了父母和哥哥姐姐们的宠爱。然而宠而不溺，是父母对泰戈尔始终坚持的教育态度。

父亲忙于自己理想的启蒙运动事业，常年在全世界旅行奔波，待在家里时也经常坐禅修身养性。于是，母亲几乎成了家里最主要的当家人。由于大家庭需要料理各种大大小小的家务事，母亲操劳不已，对待小小的泰戈尔总是缺乏足够的精力。好在乖巧懂事的泰戈尔有自己的玩乐天地，还有哥哥姐姐们以及仆人们的照料。这样的成长环境，让童年的泰戈尔有着一颗善良纯真的心灵。

爱的方式有很多种，母亲给予泰戈尔的爱是秘而不宣的，她希望儿子能够从小懂得生活的朴素。泰戈尔也确实在家庭的熏陶下养成了节俭的品行。他在《回忆录》里回忆童年时说：

我在童年几乎不知奢侈为何物。总体来说,那时的生活比现在简单得多。同时,我们家里的孩子,有完全不受过分照顾的自由。

我们的膳食中没有什么美味。我们所穿的那些衣服,只能引起现代儿童的嘲笑。在我们满10岁以前,无论如何也穿不上鞋袜。冷天就在布衣上加一件棉布外褂。我们也从来没有觉得这就算寒伧。

这生活并没有我们想象中那样豪华,甚至有些过分简朴。一次,小泰戈尔玩得馋嘴了,他跑进厨房,拉着母亲的衣角撒娇地说:“妈妈,我能吃一个盘子里洗过的苹果吗?”慈爱宽厚的母亲转过头弯下身来,轻轻抚摸他的头,微笑着说:“孩子,去拿吧,但你知道该怎么吃,对吗?”小泰戈尔懂事地点点头,快乐地拿着苹果坐在门槛上,认真地吃起来。他从皮到核,吃得干干净净,一点也不浪费。泰戈尔年老时回忆起这个情景,还深受感触,他说:“现在有钱人家的孩子,手里的东西只啃掉一半,他们的东西大部分都在自己身上浪费掉了。”小泰戈尔就是在这样的教育中长大的。

『《罗摩衍那》的启蒙』

由于家族庞大,仆人们的生活也成了泰戈尔记忆中的一个组成部分,其中不乏多才多艺的好心人。

《罗摩衍那》是印度著名的叙事诗,书里描写了罗摩和妻子悉多的故事,也穿插了许多印度的神话传说,绘声绘色,十分吸引人。这本书在仆人之间很流行,有个仆人甚至能够背诵和演唱里面的许多情节。这让小泰戈尔无比好奇，感到这本书厉害极了。

有一天，小泰戈尔在临街的楼廊上玩，忽然被仆人吓了一跳："警察来了！警察来了！"小泰戈尔一听到"警察"两个字，脑海中立刻浮现出小偷落到警察手里被抓起来的可怕情景。他感到全身发抖，飞快地跑到内院，一头扑进母亲的裙袍里："妈妈，警察要抓人了！"母亲并不惊慌，她抱着泰戈尔，笑着说："孩子，那都是吓唬人的，别害怕。"在母亲的安慰下，泰戈尔渐渐平复了心情。他不敢再出去玩，就坐在母亲房间的门槛上，一个人开始读大理石纹纸面的、书页已经卷起的《罗摩衍那》。

他读着读着，仿佛时间都停止了。黄昏的晚霞渐渐晕开，染红了门槛上读书的泰戈尔。那时，泰戈尔不知被书中哪段悲惨的故事打动了，暗自啜泣起来。

后来泰戈尔在创作《新月集》的时候，常常会把《罗摩衍那》写进诗里。

《金色花》里面写道：

当你吃过中饭，坐在窗前读《罗摩衍那》，树荫落在你的发与膝上时，我便要投我小小的影子在你书上，正投在你所读的地方。

《水手》里面也写道：

我不会像罗摩犍陀罗似的到森林中去，一去十四年才回来。

我将成为这故事中的王子，把我的船装满了我所喜欢的东西。

我将带我的朋友阿细和我做伴。

我们要快快乐乐地航行于仙人世界里的七个大洋和十三条河道里。

『去喜马拉雅山寻找诗意』

泰戈尔一天天地长大。每当父亲在世界旅行的时候，泰戈尔就会发出无限感慨：“爸爸一定又看到了哪条美丽的河流，或者遇到了什么有趣的故事……真想有一天也能和爸爸一样去外面看看呀!"

当泰戈尔12岁的时候,父亲为他举办了一场隆重的成人仪式。这意味着泰戈尔不再是个孩子,而是一个男子汉了。

仪式结束后,父亲把泰戈尔叫到跟前,语重心长地问道:"你愿意和我一起去喜马拉雅山吗?当然,我们可不是去享受的,也许你会吃很多苦……"

"当然!爸爸,这是我做梦都在想的事呀!"泰戈尔激动极了,他的欢呼声快把天空都冲裂了。

第一站是博尔布尔,一个遍布稻田的地方。火车"呜呜"地往前开着,一路上尽是无边的旷野与绿色的大树。泰戈尔按捺不住激动的内心,他害怕错过每一秒眼前的风景,因为这都是他这个城里的孩子从来没有见过的景象。稻田是怎样的?米粒是从哪里来的?……这一趟旅行激发了泰戈尔强烈的求知欲,也让小诗人的内心更加丰盈起来。

有时候,父亲还对儿子委以重任。旅途中的一天,父亲把一本《薄伽梵歌》递到泰戈尔手里,认真地说:"我把一些喜欢的诗句都做了标记,你帮我把它们的原句连同翻译一起抄下来,可要耐心地抄,不能有错。"《薄伽梵歌》是印度家喻户晓的诗歌经典作品,诗歌是用梵文写成的,里面蕴含了古印度的重要哲学思想，是近代印度思想家的精神支柱。泰戈尔高兴地接受了这一突如其来的“使命”。因为在家里，哥哥姐姐们只把他当作不懂事的孩子，可是现在父亲把他视为工作伙伴，这是多么大的光荣啊！

他们离开博尔布尔，一路上又经过了几个地方，最终抵达喜马拉雅山。当喜马拉雅山渐渐清晰地浮现在眼前的时候，泰戈尔整个人瞬间被这世外桃源般的景象吸引了。他们住在一个布满喜马拉雅雪松林的山顶上。白天的时候，泰戈尔会一个人拿着铁刺棒，进入茂密的树林里寻找诗意和灵感。走累了，他就倚靠着大树躺下来，感受大自然的秘语，甚至还会和树林里的菌菇、蚂蚁、鸟儿、风声对话，仿佛周围的一切都安静下来，心也宁静成了光与影的一片。

后来，他用文字记录下来：

这个庄严的森林的高影像许多巨人在矗立着——这许多世纪，它们度过了多么美妙的生活啊！而在几天之前才来的孩子，居然能够无碍地游戏在它们的周围。我走进森林的阴影里，就仿佛感到一个妖魔的存在，就像有一只太古的蜥蜴。发霉的树叶，地上的斑状的光和影，就像它的鳞甲。

这段旅行的日子，父亲陪着泰戈尔一起诵读《奥义书》经文，指导他学习天文知识，一同在星空下散步谈天，还帮助他学习英文和梵文。晚上十点以后，泰戈尔忍受着冰凉的冷水洗澡，因为父亲说那是一种历练。

几个月很快过去了，泰戈尔依依不舍地回到了家里。这一趟远途旅行让泰戈尔成了家庭里带光环的名人。在母亲的晚间露天集会上，泰戈尔把旅行中的故事说给大家听："喜马拉雅山上的雪松林像是一座奇幻的雪国。山路弯弯转转，走

着走着，以为将是尽头，却有一条小溪缓缓流过面前……”泰戈尔绘声绘色地组织着诗一般的语言，喜马拉雅山上的故事在他的讲述中海阔天空起来。

最令泰戈尔感到骄傲的是，当他把自己跟随父亲读过圣贤瓦尔米基的梵文韵律的原文这件事告诉母亲的时候，母亲欣慰地抱住了儿子，喜出望外地说：“孩子，念吧，把《罗摩衍那》的这几段念出来吧！”

母亲为她的孩子感到骄傲。她相信，泰戈尔往后一定能够成为一位真正的诗人。

『领悟生命的真谛』

没过多久，母亲因不治之症去世了，那时的泰戈尔只有13岁。

那天晚上，泰戈尔在屋子里熟睡着，忽然听到老保姆从屋外慌乱地跑进来，哭着对他说：“可怜的孩子，你一无所有了！”听到这句话，泰戈尔心里好像压了一块大石头，他已经猜到其中的含义——卧病在床很久的母亲，永远地离开自己了。

等到凌晨时分，泰戈尔恍惚地走到廊上，隐约看见院子里有一张床,床上躺着的正是最亲爱的母亲。他觉得母亲还活着,会像从前一样疼爱自己。直到一些人进来把母亲抬出大门送往火葬场,泰戈尔才意识到他失去了最亲爱的人。

从火葬场回到家里,悲伤的泰戈尔一抬头看见了屋里的父亲。他一言不发地做着祷告。他想,也许这是父亲忍受离别的方式吧。泰戈尔噙着眼泪,对着父亲默默地说:"父亲,我会像您一样坚强,用另一种爱守护着母亲。"而这种爱的方式,正是写下怀念母亲的诗歌。

生与死的距离究竟有多远,泰戈尔并不真正清楚。但是从那以后,每天清晨母亲忙碌的身影不见了,眼前的饭菜也不再是母亲做的。泰戈尔这才慢慢回过神来,恍然明白了一个事实:最亲近的人真的已经离他而去。

悲痛像洪水般向泰戈尔的内心袭来,但是他告诉自己必须坚强,要去寻找光明。在难以忍受的悲痛中,泰戈尔渐渐懂得了一个道理:快乐和忧伤是可以相互转化的,只有让心静下来,才能克服困难,走出悲痛。

从此以后,泰戈尔更加珍视身边的一切。他用一颗纯净的心,去体会每一天的星辰大海和阳光雨露,把它们写进诗歌里。

创造的神秘,有如夜间的黑暗——是伟大的。而知识的幻影,不过如晨间之雾。

亲爱的朋友呀,当我静听着海涛时,我有好几次在暮色深沉的黄昏里,在这个海岸上,感到你的伟大思想的沉默了。

我的思想随着这些闪耀的绿叶而闪耀;我的心灵因了这日光的抚触而歌唱;我的生命因为偕了万物一同浮泛在空间的蔚蓝、时间的墨黑中而感到欢快。

这就是泰戈尔《飞鸟集》里凝聚而生的智慧,它们一字一句闪着点点星光,仿佛将一位哲人毕生的苦涩与甜蜜化成了给予人类的礼物——诗歌。他用散文的句式写出了凝练的、格言般的哲理。在他的诗歌里,仿佛所有的苦难都化为了前行的力量,使生命变得充满希望。

泰戈尔一生走过许多路,也品尝过许多苦。他身体力行鼓励农民自强自立,帮助他们掌握科学技术。为了让穷人家的孩子能够读上书,他和妻子卖掉家里值钱的东西,呕心沥血去建造一所又一所学校。当中国人民深陷日本侵华的苦难时，年迈的他奋不顾身来到中国的土地上，率先捐款，四处讲学，促进了中印文化交流。

聊聊梦想

我觉得泰戈尔的梦想是________________________________

为了实现梦想，泰戈尔做了什么？

____

我的梦想是______________________________________

为了实现梦想，我已经做了什么？

____

我还要做什么？

____

小链接：谁是第一位获得诺贝尔文学奖的亚洲作家？

诺贝尔文学奖是众多诺贝尔奖奖项中的一项。从1901年第一届诺贝尔文学奖颁发至今，共有五位亚洲作家获得过这一殊荣。他们分别是泰戈尔（印度）、阿格农（以色列）、川端康成（日本）、大江健三郎（日本）和莫言（中国）。泰戈尔凭借诗文集《吉檀迦利》成为第一位获得诺贝尔文学奖的亚洲作家。

授奖词这样写道："由于他那至为敏锐、清新与优美的诗出于高超的技巧，并由于他自己用英文表达出来，使他那充满诗意的思想业已成为西方文学的一部分。"

参考文献

1. 安旗.李白传[M].北京:人民文学出版社,2019.

2. 哲夫.辋川烟云:王维传[M].北京:作家出版社,2019.

3. 王维.王维诗集[M].上海:上海古籍出版社,2017.

4. 周作人.鲁迅的故家[M].北京:北京十月文艺出版社,2013.

5. 曹革成.端木蕻良年谱[M].沈阳:春风文艺出版社,2020.

6. 孙一寒.端木蕻良传[M].北京:华龄出版社,2016.

7. 袁培力.萧红年谱长编[M].西安:陕西人民出版社,2019.

8. 老舍.老舍自传[M].广州:广东人民出版社,2018.

9. 舒乙.老舍先生[M].北京:中国青年出版社,2016.

10. 老舍.天真的幽默家:老舍40年散文经典[M].杭州:浙江文艺出版社,2017.

11. 沈从文.读人生这本大书[M].上海:东方出版中心,2016.

12. 张新颖.沈从文的前半生:一九〇二~一九四八[M].上海:生活·读书·新知三联书店,2018.

13. 沈从文.从文自传[M].北京:人民文学出版社,2017.

14. 朱自清.朱自清日记(上、下)[M].北京:石油工业出版社,2019.

15. 陈武.朱自清在江南的五年[M].苏州:古吴轩出版社,2010.

16. 戴望舒. 戴望舒诗文集[M]. 沈阳: 万卷出版公司, 2014.

17. 汪曾祺. 汪曾祺自述[M]. 郑州: 大象出版社, 2017.

18. 汪曾祺. 汪曾祺书信集[M]. 南昌: 江西人民出版社, 2018.

19. 汪朗, 汪明, 汪朝. 老头儿汪曾祺: 我们眼中的父亲[M]. 北京: 中国青年出版社, 2016.

20. 史铁生. 我与地坛[M]. 北京: 人民文学出版社, 2011.

21. 赵泽华. 史铁生传: 从炼狱到天堂[M]. 西安: 陕西师范大学出版总社, 2018.

22. 安徒生. 我的童话人生——安徒生自传[M]. 北京: 中国国际广播出版社, 2013.

23. 勒格罗. 法布尔传[M]. 杨金平, 马雪琨, 乔雪梅, 等译. 北京: 商务印书馆, 2016.

24. 勒格罗. 敬畏生命: 法布尔传[M]. 太阳工作室, 译. 北京: 作家出版社, 1999.

25. 托尔斯泰　E. 托尔斯泰次子回忆录[M]. 梁小楠, 等译. 北京: 北京大学出版社, 2016.

26. 托尔斯泰　L. 托尔斯泰自述[M]. 黄忠晶, 译. 天津: 天津人民出版社, 2018.

27. 托尔斯泰　L. 托尔斯泰最后的日记[M]. 任钧, 译. 天津: 天津人民出版社, 2020.

28.我们的父亲:泰戈尔子女回忆录[M].董友忱,译.北京:人民出版社,2019.

29.泰戈尔.泰戈尔书信选[M].白元开,编译.北京:商务印书馆,2015.

30.泰戈尔.泰戈尔回忆录[M].张帆,译.杭州:浙江文艺出版社,2011.